11 MENTIRAS DE LAS ESCUELAS DE NEGOCIOS

11 MENTIRAS DE LAS ESCUELAS DE NEGOCIOS

Carlos Muñoz 11

Grijalbo

11 mentiras de las escuelas de negocios

Primera edición: noviembre, 2019

D. R. © 2019, Carlos Muñoz 11

D. R. © 2019, derechos de edición mundiales en lengua castellana:
Penguin Random House Grupo Editorial, S. A. de C. V.
Blvd. Miguel de Cervantes Saavedra núm. 301, 1er piso,
colonia Granada, alcaldía Miguel Hidalgo, C. P. 11520,
Ciudad de México

www.megustaleer.mx

ISBN: 978-607-318-585-1

Impreso en Estados Unidos – *Printed in USA*

El papel utilizado para la impresión de este libro ha sido fabricado a partir de madera
procedente de bosques y plantaciones gestionadas con los más altos estándares ambientales,
garantizando una explotación de los recursos sostenible con el medio ambiente y beneficiosa para las personas.

Penguin
Random House
Grupo Editorial

Aún no eres quien vas a llegar a ser

Índice

Diciembre de 2005
Unos días antes de la Nochebuena

Dos hombres en sus veintitantos están sentados en total silencio en una oficina. Socios. Emprendedores. Dueños de su propio negocio. El poco dinero que quedaba en la cuenta de la empresa se fue en los sueldos y aguinaldos y acaban de echar cuentas por enésima vez. Luego de un rato sin hablar, cierran sus computadoras y se ven a los ojos. Yo soy uno de ellos.

—¿Te queda algo de saldo en tu tarjeta de crédito? —me preguntó mi socio, preocupado.

—Absolutamente nada. Mis tres tarjetas de crédito están al tope. A duras penas junté dinero para ir a casa de mis papás en autobús. Es Navidad y no puedo faltar —le respondí.

—Pues, entonces, hasta aquí llegamos —dijo él.

—¿Y qué vamos a hacer con la renta de diciembre? —dije.

—Pues nada, que se cobren con los muebles. Cuando comience el año, lo vemos y tratamos de negociar. De todas formas, traté de hablar con el dueño para avisarle, pero no me contestó. Seguro está de vacaciones —dijo.

—Pues hicimos lo que pudimos, socio —dije, me levanté y le di una palmada en el hombro—. Pásatela bien de vacaciones y en enero aquí nos vemos para terminar —le dije al final y me fui.

Así nos despedimos mi socio Francisco y yo días antes de la Navidad de 2005. Llevábamos un par de años en el proceso de construcción de una empresa y las cosas no cuadraban. Ese diciembre marcaba el final del sueño y eso seguro implicaría buscar y aceptar un trabajo de oficina, tradicional, y someternos a lo que el mundo decía que "debíamos ser": empleados. Eternos empleados.

Para mí, aquel día fue de los más frustrantes de mi vida. Si no el que más. Quizá por eso lo recuerdo tanto y todavía me resuena el *clac* que hicieron las laptops cuando las cerramos luego de pagar el último peso en el último aguinaldo y ver todo en ceros. Quienes han vivido un día así saben que ese momento es cuando caen en la cuenta de que su empresa les hizo perder todo. Es un momento de extremo dolor. Pero no sólo eso, ese día sentí un enojo, un coraje mucho mayor porque había cumplido con "todo lo que se tenía que hacer", con la lista para crear, formar y hacer funcionar un negocio y, sin embargo, no se habían dado los resultados. En aquel momento de mi vida había terminado dos carreras en universidades privadas de prestigio y estaba matriculado en una maestría.[1] Jamás reprobé una sola clase, es más, siempre fui un alumno brillante. Nunca me contenté sólo con pasar con la nota mínima para aprobar. Y a pesar de todo ese respaldo académico, había quebrado mi negocio.

¿Por qué? ¿Por qué a mí? Me preparé. Estudié. Hice caso. Podría decir que incluso memoricé los libros de la universidad y otras decenas o cientos más. ¿Por qué a mí?

---

[1] Carlos Muñoz 11 es un emprendedor que cuenta con empresas en 19 países e inversiones en toda Latinoamérica. Además, recorre el continente impartiendo cursos y conferencias. Estudió dos carreras y tres maestrías, pero no las presume porque, para él, las universidades mienten.

La anécdota que acabo de contar suena al final de una historia de fracaso, a un drama deprimente. Si no me conoces lo suficiente, te voy a adelantar en el tiempo, me permitiré un *flash forward* para decirte en qué deviene la historia. De hecho, viajaremos exactamente 15 años después de aquel maldito día de 2005. Vamos a 2019, a unos días antes de celebrar Navidad. Mi panorama es muy diferente. La empresa de consultoría que parecía quebrada se salvó, hoy tiene oficinas en 18 países y da trabajo a más de 300 consultores. He escrito ocho libros (éste que tienes en las manos es mi noveno) y he ganado decenas de premios internacionales por mi trabajo, entre ellos, el más importante en *real estate* de Estados Unidos. Además, logré que la empresa de la que fui fundador funcione sin mí, y ahora trabajo sólo como consejero. Hoy dedico mi tiempo a la educación empresarial y a invertir en activos estratégicos a través de i11 Tierra, mi plataforma de inversión inmobiliaria.

¿Cómo la historia de los dos emprendedores sin un peso llegó a un desenlace tan diferente del esperado?

Luego de una Navidad que más o menos me levantó el ánimo, aunque no resolvió ni un solo problema, el 2 de enero, justo cuando de vuelta de las vacaciones nos preparábamos para cerrar la oficina, nos llegó una llamada inesperada: un cliente al que le habíamos cotizado a mitad del año anterior quería arrancar por fin el proyecto. Por supuesto, nunca hubiéramos esperado eso en el segundo día del año. Después de esa llamada recibimos un par más y cerramos los suficientes proyectos como para avanzar. ¡Habíamos revivido de nuestras cenizas!

Pero esas llamadas no iban a servir a la larga. Teníamos que aprovechar la resurrección. Esos telefonazos fueron sólo la descarga eléctrica para que el corazón de la empresa volviera a latir.

Fue una segunda vida. Y, como sucede con todas las personas que han sufrido experiencias cercanas a la muerte, era necesario cambiar. Reconstruirnos. Debía replantearme mis hábitos. Repensar todo aquello que casi nos había matado.

Entonces, para avanzar de verdad desde el comienzo triste de una historia al presente más feliz de la otra, tuve que hacer eso, **cambiar por completo**. ¿Cómo? Luego de mucho trabajo mental y de experimentación, de leer sobre temas alejados de los negocios y sobre materias que nutrieron mi mente, entendí que debía desafiar lo que me había estado limitando en mi camino. Tenía que desaprender lo que me había enseñado (equivocadamente) la escuela en torno a los negocios.

Con el paso de los años y de los aciertos (¡y de los errores!) fui escribiendo todo eso en una lista. Fueron **11 enseñanzas falsas** que no me habían funcionado y que, sin embargo, había implementado con confianza y seguridad. Bien, pero ¿por qué esas falsas enseñanzas me habían limitado? ¿Quiénes las habían elaborado y perpetuado?

Si eran enseñanzas falsas, ¡eran pura mentira!

La escuela tradicional de negocios implantó esas **11 mentiras** en mi cerebro incluso antes de estudiar sobre negocios (porque están arraigadas en la misma cultura de la gente). Es una escuela que se ha encargado de crear y alimentar a la generación más grande de empleados —insatisfechos con su vida— y, por otra parte, a la mayor camada de empresarios fracasados, "logro" que ha multiplicado la tasa de muerte de las empresas por 10 en los últimos 50 años.

Pero fue necesario vivir ese proceso, la experiencia cercana a la muerte, para despertar y ver las cosas. A final de cuentas, yo también crecí con ese modelo y fui a las universidades para aprenderlo. Luego, me costó 15 años de mi vida aprender (o desaprender/olvidar) cosas que —de haberlas sabido antes— me hubieran impulsado mucho más rápido al crecimiento que hoy he logrado y sigo trabajando para que sea continuo. A veces me pregunto: "¿Dónde estaría ahora de haberlo sabido antes?"

Te daré otro ejemplo para que entiendas mejor. Me tomó casi seis años contratar a 35 empleados en mi primera empresa. Hace poco fundé otra, a la que llamé i11 Digital, y en ocho meses ya había contratado al mismo número de empleados y facturaba más que en la primera. ¡Así es: ocho meses *versus* 72! Casi 10 veces menos. Bastó conocer algunos conceptos maestros prácticos de los negocios y olvidarme o descubrir algunas mentiras para crecer con tanta velocidad. Fueron conceptos que desafiaron a las verdades absolutas que me habían enseñado las escuelas de negocios, en las que en un principio creí a ciegas, ni se me ocurría cuestionarlas, eran "LA verdad" y que, luego, me daba miedo contradecir. Ahora seguro te vas a preguntar cómo es posible que ningún maestro me haya revelado tales secretos. Fácil: **ninguno de mis maestros conocía estos conceptos porque jamás habían sido dueños de sus negocios**.

Si tan sólo hubiera llegado un libro como éste a mis manos cuando me hallaba en el proceso de hacer crecer mi primera organización, ¿cuánto hubiera pagado por él? ¿Cuánto pagaste tú?

En realidad no me importa cuánto. Te aseguro que, sin importar el precio que hayas pagado por él, fue un regalo, porque este libro, además de verdades, te dará tiempo. Tiempo para que llegues más lejos, para que te conviertas en quien vas a llegar a ser. **Tiempo**, eso fue lo que compraste. Y no puede llevar un precio fijo.

Pero vamos al punto.

Ahora sí, debo dejarlo por escrito: **las escuelas de negocios son una mierda**. Ahí te van a enseñar (o están enseñando) un montón de mentiras teóricas, pasadas de moda, imprácticas, cargadas de fantasía porque se alejan muchísimo de la realidad que representa hacer crecer un negocio. Pero no te asustes: no hablo en contra de la educación en general. La escuela de Medicina, por ejemplo, ha ofrecido resultados extraordinarios en las últimas décadas. Su importancia y, sobre todo, eficacia son incuestionables. Sin entrar en detalles: ¿hemos subido las expectativas de vida y se han encontrado curas para un sinfín de enfermedades en los últimos 100 años? Sí. Por lo tanto, yo hablo de la educación que nos venden para crear empresas. Ésa es la que ha fallado. La que ha generado tantas muertes de empresas nacientes. La que mata empresas jóvenes. Los libros y la teoría de negocios se pensaron para crear empleados de multinacionales, todos incorporados a un sistema cuya intención es hacer más grandes a los grandes. La educación que yo necesitaba debió enfocarse en la manera de llevar algo de cero a algo grande, global, exitoso (sin que muriera en el intento, claro).

Si alguien te ve con este libro y te pregunta qué estás leyendo, dile que es el resumen de un año que les falta a las escuelas de negocios. De un año inexistente. Es un libro que contiene las **11 verdades empíricas** más importantes de los negocios. No está escrito con un lenguaje formal, ni es un libro académico. Relájate. Piénsalo como un recorrido a través de muchas historias en las que tu mentor te brinda sus consejos por completo y te allana bastante el camino con sus experiencias.

Ojo: no esperes que el libro resuelva con detalle la totalidad de tu recorrido. Más bien lo pensé como una lámpara para iluminarte el camino, para hacerte pensar sobre el rumbo que tú deberás recorrer y descubrir durante el andar. Cuando internalices estas 11 verdades, será tu trabajo investigar más sobre ellas y, además, probarlas lo más rápido posible en tu vida práctica. Tu trabajo es implementar las verdades y adaptarlas a tus necesidades. De nada sirven en el papel.

Tu trabajo es aprenderlas y salir a ponerlas en práctica. Sal a la calle.

Odio la frase: "El rico en la calle y el pobre en la escuela", pero ha probado tener algo de verdad. ¡Eso hasta hoy! Decidí cambiar la escuela de negocios. Decidí desafiarla para luego derrumbarla y reconstruirla. Suena a que es un reto enorme. Lo es. Es un camino duro y bastante largo. Y, como parte de mi camino y de la misión, con mis mensajes, me propuse potenciar a un millón de emprendedores para probar que he cambiado a la escuela tradicional. ¡Sí, un millón! Tengo hasta el día de mi muerte para hacerlo.

La primera mentira:

Cómo construir **un** negocio

La verdad: no tienes (ni construyes) **un** negocio

La mayoría de los emprendedores que conozco se acercan a mí para platicarme la idea de *un* negocio. "Carlos, quiero platicarte de un negocio, de mi negocio." Sonrío por dentro, siento una inmensa ternura y lo primero que pienso es: "¡Pobre cabrón, vive en una de las mentiras que le han vendido por años!" Y es que los grandes emprendimientos no son un negocio, sino más bien una **cadena de oportunidades** que generan valor de manera conjunta. Entre ellos se van labrando su propio destino.

> ## Las empresas de hoy son incubadoras de su propio futuro.

Claro, entiendo que todas las personas que se acercan a contarme sus ideas —a veces en unos pocos segundos— en mis presentaciones o talleres vienen de una educación tradicional de negocios, de varias maestrías o diplomados por los que pagaron mucho dinero, de aprender una serie de mentiras que luego replican en cada una de las acciones y decisiones que toman en su vida emprendedora. Y luego se preguntan por qué no despegan. A mí me pasó. Te lo contaré en el siguiente capítulo.

En todas las clases de negocios que matriculé en la universidad —también las de maestría— los docentes y los libros de texto me hablaban de crear, crecer y mantener **UN** negocio. De cómo hacer UN plan de negocios, cómo crecer UN negocio, incluso de cómo evaluar UN negocio. Era una idea repetida *ad infinitum*. Ahora cuando en esos pocos minutos que compartimos hablo con emprendedores o dueños de una empresa y les pregunto por su trabajo, un buen número —por no decir que todos— me responden que tienen **UN negocio** y luego se arrancan a explicarme de qué va. Para ellos es una respuesta lógica a mi pregunta, una respuesta que dejaría satisfechos a muchos:

Tengo UNA empresa. Tengo UN negocio.

Esa respuesta está equivocada.

La vieja escuela de negocios te ha hecho creer que hay **una** sola idea mágica que te llevará al éxito. De hecho, su máxima es: **ponte a buscar una idea millonaria y sorprende al mundo**. Sí, existen las historias de éxito, esas en las que, con una sola idea, uno o varios emprendedores han logrado comerse el mundo, pero, la verdad, ¿cuántas son? ¡¿Cuántos son?! Si hiciéramos un análisis de las empresas que en menos de 10 años logran facturar más de 100 musd bajo un solo concepto de negocio, y las dividimos entre el total de empresas que se fundaron el mismo año, veremos que el porcentaje que logró este ingreso es minúsculo (menos de 0.01%). Visto así, la idea de apuntar a un negocio de cientos de millones de dólares a partir de UN solo concepto es prácticamente imposible. Basta con revisar la estadística publicada por la revista *INC*, que determinó que del total de empresas solamente 0.04% va a llegar a facturar 100 musd.[2]

En la realidad, y después de haberlo vivido, te aseguro que **tener esta visión puede destruirte como emprendedor.** Obsesionarte con esta lotería de las ideas es justo lo que te detiene para seguir creando unidades de negocio. Analiza el caso de Amazon, por ejemplo, mucho de sus ingresos proviene de áreas que tú no considerarías *core*, como Amazon Web Services (AWS), que provee de infraestructura para llevar software a la nube.

Lo voy a repetir: **nadie tiene ni debería aspirar a tener sólo un negocio.** Sácate esa idea mediocre de la cabeza. Pensar de esa manera es un riesgo en el mundo ultracompetitivo en el que vivimos. Hoy los negocios están amenazados por la competencia, por las guerras de precios y por los disruptores tecnológicos; todos los días despiertan a pelear por su vida. Por eso mi método ha sido seguir creando nuevos negocios que se encadenen y aporten valor al negocio previo que le dio vida.

Pero te lo diré de manera más simple: es más factible crear una cartera de negocios relacionados, que al encadenarse te lleven poco a poco a crecer de manera exponencial, que pretender alcanzar el éxito con una sola idea.

Todos deberíamos aspirar a construir
una cadena de negocios.

[2] https://www.inc.com/bill-carmody/only-0-04-reach-100-million-in-annual-revenue-here-s-the-one-thing-driving-yapst.html.

Ahora bien, esta nueva visión de negocios exige que la empresa se mantenga siempre creando y acelerando nuevos negocios. En ese sentido, **una empresa en la actualidad es una incubadora y una aceleradora de negocios**. Lo leíste bien: todo negocio de hoy es, además, una plataforma para crear nuevos negocios.

En la literatura errada, crear negocios era una tarea para principiantes, para quienes apenas inician en ese mundo. Por lo mismo, los conceptos que usan son demasiado básicos e incluso apuntan a la creación de negocios "pendejos", como suelo decirles yo a los negocios que están condenados a no crecer. Estos textos básicos te apuntan a negocios donde el mismo dueño opera, que son más autoempleos glorificados que verdaderos negocios. Como, por ejemplo, ser chofer de un uber, vender cupcakes o comida que tú mismo cocines, entre otras pendejadas para principiantes.

¿Y en dónde se lee o absorbe toda esta información? Principalmente en la educación superior de negocios o MBA.

MBA – MENTIRAS EN BUSINESS ADMINISTRATION

Las herramientas tradicionales que se enseñan en las maestrías en administración son mediciones del mercado total posible (TAM, por sus siglas en inglés), proyecciones financieras de los objetivos de tu negocio, análisis de tu competencia y segmentación de clientes para poder definir tu estrategia de negocio. Claro, suena muy bien y parecen fáciles dentro de un mundo utópico donde todo es lineal, conocido (seguro) y en donde el futuro próximo se parece al futuro conocido. Nada cambia, todo se mantiene.

El problema es que, cuando estás construyendo un mundo en el que los mercados, tecnologías y modelos de negocio cambian de un momento a otro, se necesitan más competencias para la detección y el descubrimiento de oportunidades y su *timing*.

Veo, también, muy poca información publicada sobre estrategias de selección de portafolios, es decir, sobre en qué debemos basarnos para saber elegir a qué negocios vamos a dedicarnos, poder anticipar cuáles valen la pena y cuáles no. Cuando *respiras* un negocio es común que surjan oportunidades para crear otros que no sean evidentes para el mundo —que lo ve de lejos—. El reto de las cadenas de negocio es buscar oportunidades que se complementen, se vinculen a nuestra actividad principal y que, además, alimenten ese *core business* original y le den valor.

Urge un cambio de *mindset* para entender que las *startups* son el nuevo combustible de crecimiento organizacional.

Finalmente, la educación de negocios está equivocada, porque insiste en la importancia y totalidad de un *core business*. Esto significa que hay un negocio principal con múltiples negocios secundarios o de menor relevancia, como un sol rodeado de planetas pequeños que nunca opacarían al centro. Si consideramos la velocidad a la que avanzan los negocios, uno de reciente apertura puede llegar a la escala del negocio antecesor en muy poco tiempo. No se trata de remplazarlo y tener ahora un nuevo *core business*, sino de entender que esta cadena de negocios tiene ahora un nuevo eslabón. Es una fuerza compartida.

El caso más didáctico de este punto es quizá la oferta de servicios en la nube de Amazon (Amazon Web Services o AWS). Este servicio nació como una iniciativa para permitir almacenaje de datos en una nube, y hoy representa un volumen interesante de facturación. AWS arrancó en 2006 como renta de computadoras y de almacenamiento por hora. Hoy está en vías de llegar a facturar 10 000 musd, gracias a su más de un millón de usuarios en 190 países. Empezó casi como un experimento, al que ni siquiera Amazon se había metido, porque ellos empezaron a usarlo en 2010. AWS no ha remplazado a la plataforma principal de Amazon, pero la fortalece, complementa y se ha convertido en un monstruo independiente.

Ahora, si analizas mi recorrido, verás que lo que he logrado es **encadenar negocios pequeños y permitir que la sinergia entre ellos genere crecimiento conjunto**. Mi primera empresa, 4S Real Estate, se fundó como una compañía de estudios de mercado para el sector inmobiliario. A ese punto de partida se le agregaron poco a poco 13 ofertas diferentes y se consolidó gracias a la operación con 18 oficinas en Latinoamérica. Si alguien tratara de definir la empresa, diría que es la más importante de consultoría en temas inmobiliarios de la región, y dirían que es **una empresa**, pero, por dentro, es una cadena de 13 unidades de negocio en la que cada una detona el crecimiento de la anterior.

Entrar a un negocio es abrirte a la posibilidad de arrancar otros sin dejar el primero.

¿POR QUÉ ES ESTRATÉGICA ESTA VERDAD?

1) Porque te ayuda a definir con qué negocio debes arrancar

Con este libro quiero darte la oportunidad de ver el mundo a través de mis ojos por algunas horas. En enero de 2019 mi socio Ignacio Torres fue nombrado director general de 4S Real Estate, y con eso tuve libertad absoluta para crear una nueva cadena de negocios. Analicé varias alternativas y, de hecho, no escogí la más rentable. Esto lo he hablado en los últimos meses y siempre me preguntan lo mismo: "¿Por qué te fuiste por una idea que no era la más rentable de las que se te ocurrieron?"

> Porque mi mente ve cadenas de negocio
> y no eslabones.

En ese momento detecté varios eslabones muy interesantes, pero no alcanzaba a ver a dónde me iban a llevar después o no me gustaba el destino que me proponían. En cambio, visualicé una cadena de oportunidades relacionadas entre la conexión de Edtech y Fintech que nadie estaba explorando. Hoy ambos son sectores que están creciendo a doble dígito, pero nadie nota que están relacionados. Yo creo que para que haya una relación financiera con alguien se requiere confianza extrema, y no puede existir si es una relación jerárquica como con un maestro o un mentor.

Cuando vayas a empezar una cadena de negocios, tu primer eslabón es clave. Ese primer eslabón deberá ser la llave para abrir la puerta de múltiples oportunidades, que también deberá ayudarte a ver un camino más largo. En retrospectiva, el que mi primer eslabón (en mi primer negocio) fuera de ejecución de estudios de mercado fue muy valioso porque abrió una serie de oportunidades en la industria inmobiliaria —reconozco que cuando empecé dicho negocio no tenía esa visión. Fue mera casualidad—.

Si entraras a mi cabeza a ver cómo funcionan sus engranes, notarías que me gusta entrar a un nuevo negocio buscando un primer eslabón estratégico.

2) Porque es una estrategia de defensa competitiva y para la generación de nuevos flujos de ingresos

Éste es quizá el punto más valioso de la verdad. En todas las industrias la competencia es feroz y los monopolios temporales cada vez tienen menos duración. Sin embargo, si siempre piensas en cuál será tu siguiente negocio, tu competencia estará en constante expectativa. Cuando te vuelves exitoso en un negocio tendrás rápidamente a dos o tres competidores tras de ti. Pero mientras ellos están tras el primer eslabón, tú ya tienes el segundo operando.

Esto provoca que siempre seas el innovador y, además, que tu riesgo esté diversificado. Igual intentarán replicar tu segundo negocio, pero para cuando eso suceda tú ya estarás arrancando el tercero o el cuarto. Muy pocos competidores tienen la capacidad de perseguir a otros en varios negocios, y si lo hacen, llega un punto en donde no podrán avanzar o su cadena los llevará a lados diferentes.

3) Porque sirve como reductora de costos de crecimiento

Una de las preocupaciones en mi visión a futuro del emprendimiento son los costos de adquisición de clientes o costos de *marketing* y crecimiento. A medida que el mundo avanza surgen más empresas queriendo llegar a los mismos mercados. Esto provoca que los canales de comunicación se encarezcan.

Si tomamos como ejemplo el costo por clic de Google, sabemos que, en Estados Unidos, ese costo ha aumentado un porcentaje sustancial en los últimos cinco años, de 96 centavos en 2013, a más de dos dólares en 2019. Cuando llevamos una cadena de negocios, atraer a un cliente a cualquiera de los eslabones permite hacer *cross-selling*,[3] logrando así que el siguiente negocio no tenga que pagar un costo de adquisición de clientes. Si varios de los eslabones comparten la base de clientes se lograrán reducciones sustanciales de estos costos de crecimiento.

4) Porque será tu criterio de selección de oportunidades y de proyectos futuros

Tener una visión de cadena te obligará a buscar negocios relacionados y que puedan tener tamaños similares.

La gente tiende a meterse en negocios que no tienen nada que ver uno con el otro. Tener más de un negocio no se trata

---

[3] Se conoce como *cross-selling* o venta cruzada a la táctica que utiliza el vendedor para lograr que un cliente además de comprar el producto o servicio que tenía pensado o que necesitaba, adquiera otro más que resulte complementario al de su interés o que le resuelva una necesidad detectada por el vendedor.

de crear diferentes empresas y hacer malabares con cada una, ni de dedicarles tiempo a actividades que no se agregan valor entre sí. **Para que realmente un negocio sea un eslabón, es necesaria una relación con su antecesor**: en su base de clientes, en su industria, en su enfoque.

Éntrale a negocios que valgan la pena y que, al menos, tengan el tamaño que ya conoces.

¿Qué quiero decir con eso de que "valgan la pena"? Bien, piensa en que cada eslabón debe ser más grande que el anterior. Cuando inicias una oportunidad no alcanzas a ver su tamaño, pero la idea es analizar su proyección de crecimiento. No le entres a oportunidades que no correspondan al tamaño de tu cadena. **Busca mi video sobre Rockefeller y el billete de los 100 dólares para que veas a qué me refiero.**

5) Porque fortalecerá tu capacidad creativa y de detección de oportunidades

La obligación de buscar el siguiente eslabón te obligará a ser creativo. Y ser creativo implica salir de la operación del negocio y mantener un ojo fuera de los problemas operativos del día a día. Hace algunos años tuve la oportunidad de tener una conversación con Tonny Robbins, y una de las cosas que más recuerdo fue su insistencia en dedicarle tiempo a la empresa del futuro.

Cuando yo pude salir parcialmente de la operación y empezar a detonar negocios, duplicamos nuestro tamaño. La operación siempre nos envuelve —sobre todo si te apasiona lo que haces—, pero mientras no salgas de ahí, no podrás crear tu cadena.

6) Porque podrás tomar control de nichos disruptivos

El concepto de "la cola larga"[4] habla de una nueva realidad en la que los nichos[5] son más importantes que los grandes éxitos. Bajo esa línea, pensar en eslabones permite tomar control de nuevos nichos que pueden volverse estratégicos en el mediano plazo. Cuando tienes esta visión de múltiples negocios, te conviertes en el primero en apoderarse de terrenos que apenas aparecen.

7) Porque podrás fomentar las capacidades de emprendimiento dentro de la organización

Cuando entiendes la necesidad de crear los siguientes eslabones, en la empresa se genera una cultura organizacional de emprendimiento. He repetido que las empresas del futuro son aquellas en las que todos tienen la oportunidad de ser emprendedores. Cuando llego a una empresa consolidada, pregunto: ¿Cuántas nuevas áreas de negocio abrieron este año que generen del 1 al 5% de su facturación? ¿Cuál es su tasa de crecimiento? Es vital que una empresa incluya las competencias de originación y de crecimiento de negocios, como si fueran de administración o recursos humanos.

---

[4] Es fundamental que leas el libro de Chris Anderson, *La economía Long Tail*, Ediciones Urano, México, 2009.

[5] Se refiere a "nicho de mercado". Es un término que se utiliza en *marketing* para referirse a un segmento determinado del público que comparte intereses específicos.

¿Qué necesitas para regir tu vida por esta verdad?

- **Tiempo para explorar.** Según Tony Robbins, el dueño de cualquier negocio debería de tener el 50% de su tiempo libre para pensar en nuevos negocios, en nuevas oportunidades. Si quieres crear una cadena de negocios debes liberar tu tiempo para pensar en el siguiente eslabón. No puedo ayudarte a crear tu cadena si no le dedicas tiempo.
- **Disciplina y recursos para experimentar.** Las nuevas oportunidades pueden funcionar o no, y para eso es necesaria la capacidad de experimentación. En otras palabras, es normal que intentes un negocio y no funcione, pero el eslabón no se cierra. La disciplina para seguir experimentando marcará la diferencia. David Kidder y Christina Wallace, en su libro *New to Big*,[6] dicen que debemos eliminar nuestra adicción a estar en lo correcto, entendiendo que el fracaso debe convertirse en parte del ADN corporativo.
- **Una base sólida de negocios.** No puedes empezar a armar tu cadena de oportunidades si no partes de un eslabón sólido que te permita moverte hacia adelante. Muchos quieren pasar al segundo eslabón cuando el primero no se ha consolidado. Para saltar a la siguiente oportunidad debes tener claridad del *market fit* de tu primer eslabón —es decir, que ya tu primer producto o servicio esté encaminado—.

[6] Currency, Estados Unidos, 2019.

- **Claridad de la cadena actual**. El siguiente paso es conocer bien tu negocio y saber con cuántos eslabones cuenta. Como dije al iniciar el capítulo, lo que puede ocurrir
es que, aunque tu respuesta sea siempre la de **tengo un
negocio**, ya tengas más de uno sin haberte dado cuenta.
Entonces: ¿cuántos tienes?

Es probable que te pongas a contar tus diferentes negocios —a
veces tan alejados unos de los otros que suena hasta surrea-
lista—, pero no va por ahí. Entendámonos: una frutería y un
salón de depilación no son eslabones de una misma cadena de
oportunidades. Son, más bien, dos negocios pendejos centra-
les, dos *core business* que lejos están de alimentarse uno del
otro. Son dos cadenas diferentes. Acuérdate de que, en una
cadena, **un eslabón sirve para darle valor al siguiente**. Piensa pues, a partir de tu negocio base, de ese primer eslabón,
¿cuántos se han ido enlazando?

Si cuentas con eso, sigamos.

MODELOS TÉCNICOS DE LA VERDAD

Si ya te convencí de los beneficios de las cadenas de negocio,
seguro ahora piensas: ¿cómo hago para encontrar mi siguiente
eslabón? Es fácil decir y escribir la palabra *cadena*, pero difícil
encontrar negocios sucesivos, pues no aparecen todos los días.

Las oportunidades están en la orilla de tu negocio,
sólo que no has aprendido a identificarlas.

LOS ECOTONOS

Para encontrar nuevas oportunidades de negocio necesito que entiendas lo que dije sobre la orilla de tu negocio, y para eso voy a hablarte de ecosistemas.

En la tierra, cuando dos ecosistemas se conectan, digamos un bosque y una pradera, existe un punto en donde uno termina y comienza el otro. La combinación entre dichos límites es la mejor zona para soportar la vida de la fauna y la flora. Dichas zonas son los ecotonos: los lugares más ricos y más aptos para dar vida.

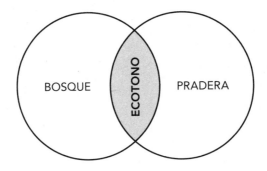

Ahora bien, en el mundo de los negocios también se encuentran límites que conectan a unos con otros: existen zonas en las que se empalman y se enriquecen. Por lo tanto, si la zona más rica de un ecosistema no está en el centro, sino en la periferia, entonces al hablar del valor de un negocio determinado no hay que concentrarse en el negocio en sí, sino en sus **orillas**. Por ello, para entender la generación de oportunidades, la creación de la cadena de oportunidades en los puntos de más valor, es vital no sólo que sepas en dónde se ubica ese "un negocio" del que hablas, sino cuáles son sus extrarradios.

> En los ecosistemas no hay muros o fronteras.
> De la misma manera, las oportunidades no
> conocen límites, por lo que pueden encontrarse
> incluso dentro de tu misma organización.

Esta metáfora de los ecotonos del negocio es útil para introducir los modelos técnicos que permiten descifrar cuáles son sus orillas.

Alan Lewis y Dan McKone escribieron el libro *Edge Strategy: A New Mindset for Profitable Growth*,[7] en el que presentaron tres enfoques estratégicos para pensar en las orillas del negocio. Un dato interesante de los mismos autores es que sólo 10% de los dueños de los negocios practica algún tipo de estrategia de orilla. Quienes sí cuentan con una bien definida tienen, en promedio, 39% más ingresos que quienes no lo hacen; así que, si dudaste de la rentabilidad de esta estrategia, he aquí la respuesta.

CÓMO Y DÓNDE ENCONTRAR LAS OPORTUNIDADES

1) *Customer permission set* (CPS)

¿Por qué te contratan tus clientes? Puede ser por múltiples motivos, pero la realidad es que compraron una promesa de recibir confianza. **Vendemos promesas, entregamos confianza.** ¿Qué pasa cuando en la vida sentimos confianza con alguien?

[7] Harvard Business School Publishing, Massachusetts, 2016.

Por un lado, le abrimos la puerta de nuestra vida, le damos más permisos, ¿no? Tú les vendes algo a los clientes, algo que piden porque necesitan o desean, pero, si al hacerlo te ganas su confianza, los clientes van a dejar que, además, les ofrezcas otras cosas, que les pongas ante sus ojos algo diferente del motivo por el que te buscaron o iniciaron una relación comercial contigo.

En ese sentido, en el momento en el que ganas la confianza de tu cliente (independientemente de tu producto o servicio), dicha confianza se vincula a un "espacio" específico. Es decir, se crea una zona de permiso que te da tu cliente para que le ofrezcas, también, aquellos productos o servicios que no son específicamente por los que ganaste su confianza. Como dije, ese espacio de confianza no se relaciona con lo que ofreces específicamente, sino que se genera porque tu cliente percibe que **tu promesa tiene valor**.

> Veamos siempre las oportunidades desde la óptica de confianza del cliente, no desde nuestra oferta actual.

Lo explico con un ejemplo sencillo. Hace poco me mudé de casa y estuve en contacto con varios proveedores. Busqué pintores y no tardé nada en encontrar a un buen proveedor. También necesitaba a otra persona para clósets y la empresa que elegí se presentó como un despacho de diseño de interiores —algo irrelevante para mí en ese momento—. Cuando presentaron sus diseños finales no sólo me mostraron el mueble en sí, sino también una visión integral del cuarto.

Cuando terminamos con los proyectos surgieron otras necesidades en la casa. Al proveedor de pintura no lo volví a contratar, aunque quería hacer algunos trabajos de tablaroca,[8] pero yo no lo veía experto en el tema. Por otro lado, terminé dándole más trabajo al despacho de interiores porque me había hecho sentir más confianza, ya que sabía de otros temas, no sólo de clósets. De ahí que lo contratara para la tapicería y otros muebles.

Cuando me mostraron que sabían más, que su alcance era mayor, se ganaron mi **confianza**. Es decir, el cliente no va a llevar a cabo tu trabajo, no va a pensar en qué más puede comprarte para pedírtelo, sino, más bien, al sentirse en confianza contigo va a dejar que le hables de nuevas ofertas.

Ahora, detente un momento a analizar la confianza que construye tu oferta actual. ¿Cómo te percibe el cliente?

El diámetro del círculo del *customer permission set* crecerá según la confianza construida y la cercanía de la relación con el cliente. De ti dependerá volverte cada vez más confiable y lograr que te sienta lo suficientemente cerca.

Dentro del *customer permission set*, que colinda con tu negocio principal, se encuentran las oportunidades que necesitas

[8] En otros países se conoce con otras marcas comerciales, pero me refiero a los paneles que se utilizan en los sistemas de construcción en seco.

explotar. Para encontrar las orillas hay que detectar la distancia entre los permisos del cliente (su confianza percibida) y la oferta del negocio central. Es anticiparte a las necesidades del cliente: debes estar atento para percibir qué otros productos o servicios deberías incluir en tu portafolio para poder ofrecérselos, como me pasó a mí en la historia de mi cambio de casa.

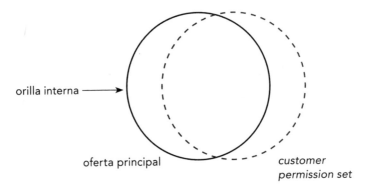

Mi negocio de consultoría cuenta con **13 eslabones** al momento de terminar de escribir este libro. Cada uno surgió precisamente porque sabíamos que el cliente iba identificando un *set* de permisos que iban más allá de nuestra oferta. La detección a veces venía directamente del cliente, que nos pedía alguna recomendación de proveedores, y en otras ocasiones fueron hipótesis nuestras fundamentadas en problemas específicos que necesitaban resolverse. El origen era lo de menos, lo importante era que la venta estaba casi garantizada gracias al paraguas de confianza que había creado el primer servicio.

Idris Mootee,[9] uno de mis mentores, dice que debes aspirar a que después de 12 meses de haber encontrado un nuevo eslabón con *market fit*, éste represente 10% del negocio principal.

La elección de tomar o dejar la oportunidad para volverla eslabón dependerá de varios factores, desde la competencia que encuentres en el mercado, pasando por la falta de motivación en esos momentos, la viabilidad para llevarlo a cabo, el nivel de conexión con el negocio principal... En fin, motivos para dejarla sobran. Sin embargo, tu trabajo es siempre tener los ojos puestos en el cliente para poder entender esos espacios de confianza.

2) *Customer mission space* (CMS)

Todo cliente, como el héroe de los cuentos, quiere o busca algo. De hecho, si hablas con cualquier narrador o guionista de cine sobre la escritura de historias, te contará del héroe o heroína y de su viaje. El motivo del viaje es llegar a su meta, ya sea rescatar a la princesa o reconquistar una tierra. Lo mismo sucede con tu cliente. Quizá quiera tener una casa, desarrollar su sitio web, o irse de vacaciones. Quizá sólo busque bienestar general o un lugar en dónde vivir. Cualquiera de éstas será su **meta final**.

---

[9] Fundador de Idea Couture y autor de los libros *Design Thinking for Strategic Innovation*, *60 Minute Brand Strategist* y *High Intensity Marketing*.

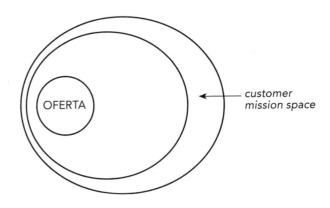

En la primera orilla de la imagen se hallan los eslabones más sencillos (en teoría), que son aquellos negocios que ofreciste porque estaban vinculados a tu negocio principal, creados gracias a la confianza que lograste generar. Ahora, esa segunda área también tiene sus orillas. En estas segundas orillas encontrarás no lo que el cliente sabe que le vas a ofrecer, porque ya lo dominaste, sino aquello que el cliente busca en realidad, pero aún no es consciente de ello, algo así como **su misión en la vida**, su problema principal, ese del que vas a enamorarte y a resolverle.

En este sentido, debemos asumir una nueva forma de ver las oportunidades basados en el *Total Addressable Problem* (TAP) en lugar del *Total Addressable Market* (TAM) del pasado. Esto exige una visión nueva, centrada en los problemas actuales y futuros del mercado. Es decir, en lugar de pensar en ampliar tu mercado con los productos y servicios que ya tienes, piensa en qué problemas detectas para los cuales aún no se ofrece una solución.

Ahora, la definición del problema puede generar diferentes visiones. Facebook, por ejemplo, es un caso fácil de explorar. Si en 2003 se hubieran acercado a ti para que invirtieras en una empresa que quería resolver el problema de comunicación y conexión entre alumnos de universidades de prestigio, quizá no te habría interesado y le habrías dado la espalda (ya me imagino años después tu sufrimiento). Sin embargo, si hoy vemos la definición del problema que resolvió Facebook, como la comunicación asíncrona de familiares, amigos y negocios, habrías visto grandísimas posibilidades. Por lo general, los negocios resuelven problemas que incluso cambian conforme avanza el tiempo. Recuerda: el secreto está en enfocar la mente en los problemas del cliente. Ahí aparecerán nuevas oportunidades de negocio.

> Si los problemas de tu cliente se vuelven tus problemas, fomentarás además una relación estrecha y de valor, poniéndote en una posición estratégica para encarar juntos el largo plazo.

3) Posibilitadores (*enablers*)

Quizá lo que más ruido genera en el mercado sea la llegada de nuevas tecnologías. Siempre llama la atención ver a una nueva empresa que propone *x* o *y* nuevo aparato. La realidad es que muchos de estos "inventos" no tienen usos concretos para el mercado de usuarios, sino que, en el contexto actual, la llegada de una nueva tecnología se convierte en un posibilitador de nuevas soluciones ante problemas conocidos; es decir, no son la solución en sí, pero con su ayuda se logra encontrarla. En inglés encontrarás este concepto bajo la palabra *enabler*, que me gusta porque habla justamente de permitir una solución nueva.

Los nuevos eslabones suelen hallarse en la intersección de los problemas conocidos (de los que hablamos en el modelo técnico 2, *customer mission space*) y los posibilitadores tecnológicos. Pensémoslo como la matriz siguiente, tomando como ejemplo mi negocio de consultoría en temas inmobiliarios:

	Cadena de negocio	Inteligencia artificial	Realidad virtual/ aumentada
Ubicar oportunidades de tierra	Nuevos registros de propiedad		
Tener juntas de trabajo de proyecto			
Mejorar presentaciones de venta			Creación de *showrooms* virtuales
Hacer evaluaciones de sitio		Algoritmos de evaluaciones de tierra	

En la primera columna incluí problemas conocidos para un desarrollador de proyectos inmobiliarios. Son problemas que existen desde hace mucho tiempo. Por otro lado, las columnas de la derecha muestran nuevos posibilitadores tecnológicos, los cuales abren la posibilidad para nuevas oportunidades (cada celda de intersección).

El *timing* específico para la oportunidad es la parte difícil de descifrar, pero anticiparse a detectarla es justamente lo que permite ser el primero en llegar al mercado.

Lo que facilita la creación de nuevos eslabones es la atención a la llegada de posibilitadores y la conexión de esas tecnologías con los problemas ya conocidos por la organización.

4) Existing capabilities

La última forma de encontrar oportunidades es la de mirar hacia adentro. Es decir, en lugar de apuntar al mercado y sus problemas, mejor será enfocarse en los activos de tu empresa. **Todo aquello que va generando un negocio puede utilizarse para crear un nuevo eslabón.**

Si a partir de tus negocios o eslabones has creado activos, como, por ejemplo, tecnología para la ejecución de algún proyecto, ¿podrían desprenderse de ahí otros eslabones?

Una forma fácil de explicarlo es con el desarrollo de nuestro sistema de suscripción SIGII. Cuando hacíamos levantamientos de mercado reuníamos tanta información que era difícil administrarla en archivos independientes. Por eso decidimos crear un sistema propio que llamamos SIGII (Sistema de Información de Geomercados de la Industria Inmobiliaria). Al cabo de unos años el sistema contenía información de varias ciudades, con comparativas anuales. Cuando nos dimos cuenta de su valor decidimos vender la suscripción de acceso al sistema como un producto independiente. Es decir, que un sistema de uso interno se convirtió en un nuevo eslabón de negocios.

Estoy seguro de que los activos de tu empresa, sean tangibles o intangibles, están siendo desaprovechados. Encontrar nuevos usos para ellos puede abrirte nuevas posibilidades de negocio.

ÉXITOS Y FRACASOS
EN MI HISTORIA

Lo más valioso de este texto y el programa que estamos creando alrededor de él es que todo lo he vivido.

Una historia didáctica fue la apertura de la agencia digital dentro de 4S Real Estate. A partir de 2007 empezamos a notar el uso de *marketing* digital en proyectos inmobiliarios. En ese entonces estuvimos refiriendo trabajo a muchas agencias de *marketing* digital incipientes. Todas nos quedaban mal: no ofrecían la calidad que buscábamos o no lograban entregar el resultado esperado. Decidimos lanzar nuestro primer intento de agencia digital. La confianza que teníamos con los clientes lo hacía más fácil, así que preparamos la base para su lanzamiento en 2008.

Lanzamos el servicio en el segundo semestre de ese año, ante un mercado que estaba sufriendo una recesión global causada por el sector inmobiliario, así que te podrás imaginar los resultados. Los montos que lograba generar el área no tenían relación con su estructura de costos. Terminamos perdiendo un año completo y toda la inversión asignada al proyecto. No había necesidad en el mercado para la solución que estábamos proponiendo, así que tomé la decisión de cerrar el área y presentarles resultados negativos a mis socios.

Dos años después vi que el mercado era diferente. Había un optimismo renovado en la industria y los montos de inversión se volcaban mucho más a los medios digitales que a los tradicionales. Habían pasado sólo dos años, pero yo sentía que era un mundo completamente nuevo. Ante ese nuevo escenario, reconfiguré el servicio de una forma más modular, para poder adaptarnos a diferentes tamaños de proyectos y armar equipos de manera más flexible.

Lanzamos el servicio otra vez, con un equipo nuevo, que certificamos en todas las plataformas. Cada una de las fallas de la primera iteración me sirvió para generar un modelo más resiliente de negocio. Luego de dos años, ya se había colocado como la tercera área de negocio más grande de la empresa. Para el tercer año y hasta la fecha es el segundo negocio con mayores ingresos de 4S Real Estate.

De cada 10 a 12 iniciativas de nuevos eslabones de negocio que vislumbramos, sólo UNA vale la pena. Estar en el momento correcto de la oportunidad correcta es algo que sucede muy poco en la vida, por lo que no debes frustrarte si te tocan varios fracasos consecutivos.

RECOMENDACIONES FINALES

No te conozco, pero todas las semanas viajo y conozco a emprendedores como tú. Sé que hay varias secciones complicadas, cansinas incluso, en esta primera verdad, por lo que voy a darte algunas recomendaciones:

1) **Conviértete en un líder ambidiestro**. Es difícil ser bueno en la operación de una empresa (mejorando la eficiencia de los procesos) y crear nuevos eslabones. Por lo general, nuestro perfil nos enfoca a uno de los dos procesos. Ten la capacidad de autoconocimiento para determinar si necesitas un socio o fortalecer a tu equipo de trabajo en una de las dos áreas. Siempre mira a tu organización con ojos de líder ambidiestro.

2) **Resiste el fracaso tras fracaso tras fracaso**. Cada año identifico de 20 a 25 nuevas oportunidades o eslabones que luego analizo con mi equipo. De ésas, arranco el año con unas 10 iniciativas de negocios nuevos. Si de ésos uno termina consolidándose, es algo extraordinario. Te pido que tengas paciencia ante los fracasos. Si no lograste ubicar ninguna nueva oportunidad, no pierdas la disciplina para seguir experimentando.

3) **Pasa de un experimento a múltiples experimentos a la vez**. Si la tuya es una organización pequeña, quizá sólo te puedas dar el lujo de hacer un experimento al año. No importa. Lo realmente importante es que sepas que tu empresa está creciendo para incrementar esa capacidad de experimentación. Conforme tu negocio crezca, tendrás más recursos (humanos y económicos) para intentar más cosas.

4) **Anticipa el *timing* perfecto para la creación de los nuevos eslabones**. Ésta es quizá la variable más difícil en la creación de nuevos negocios. No es tan difícil conocer las oportunidades, sino saber cuál es el momento exacto en que el mercado abrirá las puertas para ellas. Conforme madures como emprendedor, verás que

la capacidad de leer el *timing* del mercado es de lo más difícil en este mundo de los negocios.

5) **Mantén las dos culturas bajo el mismo techo**. Recuerda que debes experimentar una y otra vez mientras el tren avanza. Esto supone un reto interesante. Mientras una parte de la empresa se vuelve más eficiente, ahorrando recursos, metiendo procesos y orden, la otra parte está experimentando cosas, cometiendo errores y cambiando estructuras, ideas, productos y servicios. Es muy complicado tener ambas partes de la empresa bajo el mismo techo. Hay un enorme reto del CEO del futuro de lograr amalgamar ambas culturas y que funcionen como una sola organización futurista.

El quid de la verdad

A partir de hoy, nunca vuelvas a decir que tienes UN negocio. Tienes una cadena de negocios que, además, fabrica eslabones.

La segunda mentira:

La **diferenciación** es fácil y la logras al ofrecer buena calidad

La verdad: **Diferenciarte** en un mundo ultracompetido requiere de una visión más sofisticada que el cuento de hadas que te dicen en la escuela

El otro día, en una carne asada, me tocó presenciar esta mentira. En esa cena, junto a un grupo de papás del colegio de mis hijos, en la que apenas nos estábamos conociendo, uno de los papás se presentó como consultor. Llamó la atención de otro invitado que tenía un negocio y pasaba por un mal momento y le preguntó: "¿Qué le recomendarías a un negocio que está pasando por tal y cual?" Sin pensarlo, el experto le reveló el secreto: **tienes que vender algo diferente de los demás.** Seré el primero en reconocer que es una buena respuesta inicial. Lo malo vino con la pregunta subsecuente: "Y bueno, ¿cómo le hago?" El consultor, hundido en su conocimiento del pasado, le respondió: "Es cosa de ofrecer *mejor calidad* y tratar de *separarte un poco* de lo que hacen tus competidores cercanos".

¿Qué significa eso? ¡Demasiado ambiguo!

Nos han vendido la diferenciación como el santo grial de los negocios, sin la claridad de cómo lograrla. Yo prefiero ser claro de inicio: **una calidad superior NO es una estrategia de diferenciación.** Además, separarte UN POCO de la competencia no bastará en esta era de los negocios.

Te falta entender que vivimos en tiempos en los que la calidad no es un factor que te haga destacar. Las frases trilladas y nada creíbles como: "de la mejor calidad", "ingredientes de la más alta calidad" o "productos de calidad mundial", ya no dicen nada. Son palabras vacías que llenan espacios publicitarios y panorámicos. **Son sinsentidos. Son mentiras**. Además, en el mundo de hoy, los medios son escandalosos y **45% de lo que dicen es falso**.

Para dejártelo más fácil, aquí abajo muestro una sencilla gráfica con un eje de calidad y otro de sorpresa y disrupción. Las ofertas del pasado se concentran en incrementar calidad al punto de que es inútil en el mercado. Hoy el tablero de los negocios tiene una nueva dimensión: **la sorpresa**.

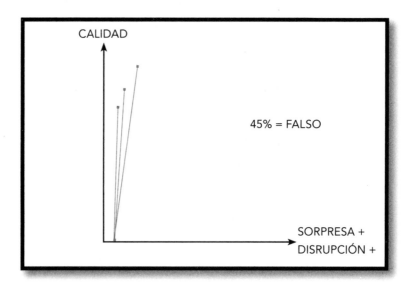

Por eso digo que para lograr el éxito en el mundo de los negocios es necesario que seas **radicalmente diferente**. Que no tengas miedo a serlo. Y, claro, necesitas una nueva ciencia para lograrlo.

La mentira sigue viva porque, además, muchos no entienden en dónde están parados. Quizá en algún video hayas escuchado que digo que nos encontramos en la **quinta era de los negocios**. Es nuestro momento. Sin embargo, muchas de las empresas que se consideran diferentes siguen estancadas en épocas anteriores y pensando en identificarse (diferenciarse) con rasgos y cualidades que quizá entonces funcionaban, pero que ahora son obsoletas o, en el mejor de los casos, son **cualidades esperadas** en el cien por ciento de las compañías por parte de los consumidores. Es decir, lo que antes pudo ser un atributo innovador, que destacó a un producto o servicio, ahora el cliente ya lo percibe como una cualidad que debe poseer, ya no es un adicional, debe estar incorporado en lo que se ofrece al mercado, pasó a formar parte del producto o servicio.

Déjame recordar contigo cuáles son estas cinco eras de los negocios:

La primera era de los negocios fue la era de la disponibilidad. En ella los negocios se diferenciaban por ser los únicos que ofrecían el producto en su mercado.

Imaginemos ser la primera tienda de pintura de un pueblo. No hay otra tienda más. Soy la única tienda que tiene pinturas y, por lo tanto, me debes comprar a mí. Ésa era la mentalidad de la época.

El mercado fue creciendo y la simple llegada de más gente provocó que otros voltearan a ver la misma oportunidad. Se veía mucha gente en la tienda de pintura y, por eso, yo también decido abrir una tienda para vender el mismo material. Pero para "ganarle" el mercado a la tienda ya existente qué mejor que bajarle el precio.

Así entró la era del costo, en la que el único diferenciador era el precio; el consumidor elegía en función de quién le ofrecía lo más barato. Así transcurrimos un largo periodo durante el cual lo más importante era ahorrar costos, hasta que lo barato empezó a salir caro.

Llegó entonces la era de la calidad. Ya el consumidor no caía en esas redes con el precio más barato porque con frecuencia encontraba productos malos, cuya única cualidad era el bajo costo.

Regresando al ejemplo de la tienda de pintura, imagina que los diferentes competidores se ponen a diluir la pintura en agua (para poder darla más barata). Eso derivaba en desilusión y desconfianza. Por lo tanto, el consumidor se arrojó a una búsqueda insaciable de calidad. El mercado se llenó de productos buenos, similares, casi idénticos unos de otros.

En ese escenario, ¿cómo podría vender más una marca? Llegó la era de la diferenciación. Cada mercado tenía tres, cuatro o un puñado de jugadores fuertes, todos con productos de calidad, buen *marketing*… entonces se optó por la diferenciación, por dotar a cada producto de una cualidad más fuerte que la de los demás. El ejemplo más didáctico de esta era es la industria automotriz. Cuando pregunto: "¿Qué representa

Volvo?" Cualquiera responde: "Seguridad". Ser diferente era cuestión de tomar una característica del producto y volverlo tu bandera. Unos se iban con unas, otros con otras y el mercado se dividió. Pero sin líderes.

Hoy estamos en la era de la radi-calidad disruptiva. En la actual era de los negocios, la nueva realidad mediática provoca una reconfiguración absoluta del mercado. Van creándose tribus a partir de estilos de vida marcados por ciertos productos, la publicidad ya se percibe falsa, acartonada, y los diferenciadores marginales no son suficientes como para competir en un mercado saturado de ofertas. Saltan al terreno nuevos jugadores del mercado y de entre ellos destacará aquel que no siga las reglas establecidas y destruya la forma tradicional de valor.

En la era de la radi-calidad disruptiva los grandes ganadores son los anteriores desconocidos. Quienes lleguen con ideas frescas. Quienes sepan sorprender. Ahora: no se trata sólo de ser diferente, sino de ser **radicalmente sorprendente**.

Y bueno, ¿cómo lograrlo? La respuesta está en la cebolla… Y no es para hacerte llorar.

Digo la cebolla porque quiero poner una imagen en tu mente sobre cómo debes pensar en la diferenciación. Cuando cortas una cebolla, en su interior aparecen decenas de capas. Mantén esa imagen por un segundo: si tu estrategia de diferenciación es lineal, entonces se vuelve fácil de replicar y no es radical. **La única verdadera diferenciación es multivariable**, en otras palabras, es como la cebolla, tiene múltiples formas de manifestar su unicidad.

En la primera clase de diferenciación multivariable que di en Vancouver hablé de las primeras seis posibilidades para diferenciarte: mercado, ofensiva, producto, servicio, razón de ser y modelo de negocio. Veremos cada una de estas dimensiones en detalle más adelante, pero no quiero limitarte ahí. Lo que quiero que entiendas es que cada variable del negocio es una oportunidad para diferenciarse, y la radi-calidad disruptiva aparece cuando esa diferenciación verdaderamente está en todas las dimensiones.

Una empresa que tenga diferenciación a través de cinco o seis de sus dimensiones se percibirá como algo destacado porque en cada ángulo se verá una sorpresa. Ese caleidoscopio de sorpresas es la verdadera diferenciación, no la que te enseñaban en la escuela.

¿POR QUÉ ES ESTRATÉGICA ESTA VERDAD?

Hace unos años desarrollé una encuesta entre dueños de negocios en la que les preguntaba si consideraban que sus productos eran verdaderamente diferentes. La respuesta fue que más del 80% se autonombraba diferenciado. A mí me da risa esa autopercepción porque, cuando se les preguntó a los consumidores por dichas empresas que se duermen en sus laureles al imaginarse diferentes, **sólo 9% los ve, de verdad, como algo diferente**. ¿En qué estaban pensando entonces?

Esta verdad tiene dos ángulos de complicación, los cuales la hacen poderosa:

1. Aunque todos entienden la necesidad de ser diferentes, hay muy pocas herramientas para manifestar de verdad esa diferenciación que todos exigen.

2. La mayor parte de los emprendedores vive con un velo de ignorancia por ego. Cree que tiene esa diferenciación que el mundo exige, aunque en realidad no sea cierto.

¿QUÉ NECESITAS PARA REGIR TU VIDA POR ESTA VERDAD?

La radi-calidad disruptiva —la nueva dimensión de diferenciación que requiere el mundo— se refiere a la manifestación percibida de unicidad en múltiples dimensiones de negocio.

MODELOS TÉCNICOS DE LA VERDAD

A partir de la definición anterior, mi primer modelo incluye **seis dimensiones** para ser diferente en el mercado, que son maneras útiles para no pensar, como dije arriba, de forma lineal o plana. Recuerda que, cuando te plantees la pregunta de cómo chingados ser diferente, debes ir más allá.

Éstas son las capas iniciales de la cebolla, pero a futuro podría haber muchas más.

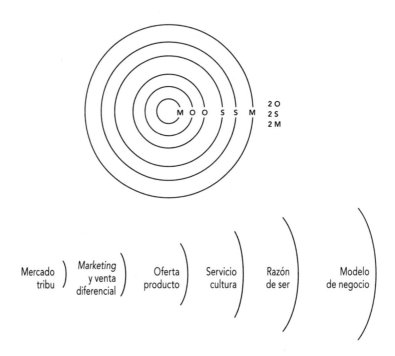

1) Mercado tribu

Básicamente: ¿en quién te estás enfocando? ¿En el público en general? Muy grande. ¿En los hombres? La mitad del mundo. ¿Mujeres? Igual. La primera manera de diferenciarse es la de atacar un **nicho** tan pequeño que nadie esté yendo por él. Lo importante es hallar un nicho que no haya sido detectado, no uno que ya haya sido o esté siendo explotado.

> Definir tu mercado tribu de una forma totalmente nueva que nadie haya utilizado en el pasado es una de las capas de tu cebolla (o de tu estrategia de radi-calidad disruptiva).

Existen dos maneras para detectar estos mercados vírgenes.

TARGET CANVAS   Paso 1: Definir un mercado meta específico

Una manera sería pensar en un **cliente tipo**, con características un poco más específicas. Son sus rasgos personales, al menos los más personales, que sirven para dividir incluso a aquellos del modelo anterior. Podrías pensar en una mujer de 20 a 30 años a la que le guste hacer deporte. Ese "gusto" es lo que lo vuelve personal. En esta manera de separar mercados se puede imaginar perfectamente uno a través de una persona tipo.

De ahí sigue la **tribu**. La característica principal de una tribu es que sus integrantes quieren reunirse y sentirse identificados con ese grupo en particular. Existe un deseo. Una necesidad incluso. Entre más agresiva sea la focalización de la tribu, más agresivo será tu intento de llegarle. Es muy diferente una mujer de cierta edad que hace ejercicio, a una mujer que corre maratones o carreras de largo aliento y que, además, busca y quiere sentirse parte de un grupo que comparta esa afición. La tribu de las corredoras funciona mucho mejor. Nilofer Merchant lo llama la identidad horizontal. Nuestros gustos y pasiones hoy son el principal eje de conexión en el mundo digital y ahí está la mayor oportunidad de penetrar el mercado.

Ahora, la idea no es sólo detectar a tu tribu e intentar atorarle tu producto o servicio, sino que es necesario que logres implantar un deseo de pertenencia. Es decir, la tribu tendría que buscar y querer unirse e identificarse con ese mercado, con ese nicho en particular. Y ésa es tu responsabilidad. En otras palabras, **hay ocasiones en que tú creas ese nicho, lo bautizas, lo nutres y lo preparas para que esté listo para adquirir tus productos o servicios.**

Lululemon

Éste es un ejemplo de diferenciación a partir del mercado tribu. Esta empresa se fundó en los años ochenta en Vancouver, Canadá, por un entusiasta de los deportes. Chip Wilson —el fundador de la marca— se acercó al mundo del yoga y quedó sorprendido de lo diferente que era con respecto a los otros deportes. En aquel entonces hacer yoga era bastante raro. No le dio muchas vueltas cuando se planteó la idea de arrancar un negocio y decidió hacer ropa para personas que practicaran yoga; como dije, un mercado no tan grande en ese momento. Era un nicho.

Truly Open Kitchen o KUK

Éste fue un desarrollo inmobiliario que creamos en 4S Real Estate para chefs, o personas muy involucradas con el mundo de la cocina. Así, desarrollamos todo tipo de amenidades para que una persona adecuara su vida al espacio que habitaría. Incluso, como dato adicional, hicimos la promoción en un *food truck*. Todo estaba pensado para ellos; para ese pequeño grupo del mercado que le apasionaba la comida y se sentían *foodies*. Ahí estaba el sentido de pertenencia. Y al crear el primer proyecto inmobiliario pensado para *foodies*, todo el proyecto sorprendía.

2) Ofensiva de *marketing*

La manera en que haces *marketing*, contenido, relaciones públicas, ventas y publicidad es otra de las dimensiones en tu estrategia de diferenciación. Parece obvio que en un mundo tan *infoxicado* necesitemos realmente destacar, pero las empresas no lo hacen. Siguen con estrategias obvias y aburridas de *marketing* y ventas y, por lo mismo, desaparecen en la oscuridad de este mundo hipercompetido.

¿Qué se puede hacer? **Busca un ángulo fresco en tu llegada al mercado.** Por ejemplo, me han contado que quienes vieron los primeros videos de mi canal de YouTube al principio los sintieron raros y provocadores. Sin embargo, mis videos fueron los primeros en dar contenido técnico de alto valor en corta duración y con esa agresividad práctica que me caracteriza. Con esa diferenciación, que seguro resultó chocante al comienzo, logré imponer un estilo y una calidad de contenido y ganar audiencia; en pocas palabras, formar mi tribu.

Ahora piensa en tu ofensiva hacia el mercado, ¿qué estás haciendo diferente?

A lo que buscas hacer es necesario llamarlo un espectáculo estratégico.

Por eso marcas como Volvo y su anuncio con Jean-Claude Van Damme o los *influencers* virtuales están dando de qué hablar con su propuesta innovadora. Todo esto no es más que un espectáculo estratégico para demostrar los alcances creativos de una marca que, como imagen, funciona, pues esperarías que eso permee el producto y el servicio.

Tesla

¿Se te ocurriría lanzar tu producto a otro planeta? Literalmente, Tesla lo hizo. En lugar de gastarse millonadas en panorámicos o publicación impresa, envió uno de sus carros a Marte para transmitir el mensaje de que, cuando la raza humana llegue por fin allá, Tesla estará esperándonos.

3) Oferta producto

Ésta es la dimensión que sí está en los libros de negocio tradicionales: tener productos o servicios que se separen de la competencia.

Tienes que saber qué estás ofreciendo y por qué es diferente tu producto o servicio. Cuando pienso en eso viene a mi mente *La estrategia del océano azul*, sobre la teoría de W. Chan Kim y Renée Mauborgne. Ese libro habla de cómo entender que no existe o no debe existir competencia entre las empresas; es decir, no se trata de ganarle al de al lado, sino más bien dedicar las energías a crear innovación en valor que nos ponga ante un mercado nuevo que no esté competido.

Ahora viene lo difícil: ¿cómo se descubre aquello que no existe?

Te explico: cuando una empresa irrumpe en el mercado, por lo general tiene bien definido qué es aquello que ofrece y representa **valor para sus clientes**. Crea una curva de valor. Cuando un competidor busca entrar al mercado identifica cuáles son estos puntos de valor, los copia y ofrece, quizá a un precio más bajo. Y así llega un tercero, un cuarto, y todos se vuelven réplicas del original.

La estrategia del océano azul pide cuestionar lo que de verdad valora el cliente para encontrar aquello que no se ha ofrecido o lo que sí representa valor. Puede ser incluso lo que se encuentra detrás de una supuesta oferta de valor.

Cirque du Soleil

Ésta fue mi primera clase de diferenciación. ¿Por qué? ¿Qué es? ¿Un circo? ¿Un espectáculo en general? Uno de los elementos de valor de un circo ha sido la presencia de animales. Animales salvajes ejecutando algún tipo de suerte. La estrategia dice que es necesario regresar a cuestionar lo que de verdad da valor. ¿Por qué tenía animales? ¿Cuál es el valor ahí? ¿El animal o el espectáculo? Alguien se preguntó: "¿Y si mantenemos el circo, pero quitamos los animales?" Y ahí tienen al Cirque du Soleil. Creó una nueva curva de valor.

> Si estás pensando en crear un producto
> diferenciado, el secreto está en *hallar una nueva
> curva de valor*. Ésa es la moraleja.

4) Servicio

Hace tiempo mi esposa y yo planeamos un recorrido por Asia que arrancó en Corea del Sur. De ahí partimos a Shanghái y cuando estábamos en el aeropuerto de Seúl olvidé mi computadora justo en la zona de revisión de metales, pero me di cuenta a 10 000 pies de altura. "¡Cabrón!, perdí mi computadora." Por supuesto, gran parte de mi información estaba en la nube, pero no había respaldado los capítulos del libro que estaba escribiendo en ese momento.

En cuanto aterrizamos en China traté de pedir ayuda en el aeropuerto, pero no logré nada, así que nos fuimos directo al hotel donde nos íbamos a quedar: el Four Seasons de Pudong. Lo primero que hice fue acercarme al conserje, le conté la situación, y él quiso saber el valor de la computadora. Le dije que el valor no estaba en el aparato como tal, sino en su contenido, pues tenía avances de mi próximo libro y no los quería perder. Ahí fue donde empezó el milagro.

El conserje habló con su colega de Seúl y le pidió de favor que se trasladara al aeropuerto. En el aeropuerto lograron rastrear el equipo. Con una carta y copia de mi pasaporte hicieron un trámite que les permitió recoger mi computadora. Luego gestionaron los recursos para que una persona del *staff* del Four Seasons volara de Seúl a Shanghái —ojo, es un vuelo internacional de seis horas—. Llevaron el equipo a revisión para que pudiera ser trasladado sin mi presencia e ingresaron papelería con la aerolínea. Con eso hecho, el conserje de Shanghái fue al aeropuerto para recoger la *laptop*. Ahí validó que estuviera en buena condición y la trajo de regreso. Ocho horas después de que le hubiera pedido ayuda al conserje, este orquestador de milagros llegó conmigo al restaurante en el que iba a cenar y me dijo: "Le tengo dos noticias: una buena y una mala". La mala era que, además de la *laptop*, se me había olvidado mi almohada para dormir en los viajes, y la buena era que ¡ya habían llegado ambas! Quedé frío cuando vi mi computadora en mis manos. Luego, lo primero que pensé fue: "¿Cuánto le tengo que dar de propina al conserje? ¡Me resolvió un gran problema!"

Tienes que entender que, cuando hablo de diferenciación por servicio, no hablo de lo básico que ya se espera de cualquier marca. Es decir, en el hotel no me voy a sorprender porque las camas estén tendidas o porque el cuarto se halle impoluto. ¡De ningún modo! Esto debe ser así en todos lados. Eso es ya un estándar. Por diferenciación en el servicio se entiende aquello que haces que no haría absolutamente nadie más.

¿Estás dispuesto a hacer algo extraordinario?

Calidad en el servicio no es un diferenciador. Sacrificios internacionales de urgencia sí lo son.

De esta anécdota aprendí un par de cosas:

1) Todas las organizaciones están sujetas a enfrentarse a la adversidad, pero algunas preparan sistemas de emergencia para estos momentos. **Las grandes organizaciones preparan protocolos para los momentos difíciles y**

> preparan a TODA la organización para que responda
> en ese momento. **Diferenciarse por servicio implica
> procesos y estructura que responde a esa adversidad.**
>
> 2) **Margen de maniobra.** El conserje de Four Seasons
> tomó ciertas decisiones que implicaron recursos huma-
> nos, económicos y tiempo. No tuvo que pedir autoriza-
> ción para dichas decisiones. Simplemente operó como
> el cliente lo hubiera hecho. Por supuesto que cubrí gus-
> toso los costos del rescate, pero hay que reconocer que
> el hecho de que un colaborador del hotel pueda tener
> esas libertades es admirable. Los teóricos del servicio
> al cliente bautizan este margen de maniobra como "em-
> powerment".

5) Razón de ser

Existen muy pocas empresas que tienen éxito en comunicar
por qué hacen lo que hacen. ¿Por qué nacieron? Para un cliente es importantísimo encontrarle un *sense of purpose* a toda
empresa, porque el de cada una sirve como un diferenciador
importante. De hecho, en su libro *Empieza con el porqué*,[1] Simon Sinek habla precisamente de eso, de qué es lo que inspira
a la gente, a cualquier empresa a hacer su negocio.

Ésta es la quinta dimensión de la radi-calidad disruptiva.
El porqué, el propósito, el fin, el llamado...

Por ejemplo, existe un café en Japón que surgió con una
meta: darles trabajo a personas con capacidades diferentes. En
la primera sucursal, 12 personas que están en silla de ruedas

[1] Empresa Activa, Madrid, 2018.

o en su casa imposibilitadas para moverse se encargan de manipular robots que están en el local llevándoles el café a los clientes. Más allá de los robots, la razón de ser de este café es darle nuevamente un sentido a la vida de estos colaboradores. Es diferente a todos los cafés del planeta precisamente porque conoce su razón de ser.

Quizá el caso más didáctico (y trillado) en esta materia sea el de TOMS. La compañía de zapatos que regala un par de zapatos por cada uno que tú compres. La compañía tiene un porqué claro: ayudar a los que más necesitan de nosotros. Para todos fue claro que el activismo social de TOMS la hacía diferente a cualquier otra compañía de zapatos.

Los verdaderos porqués de los negocios no tienen que ver con lo económico, sino más bien con la causa. Cuando un consumidor encuentra una verdadera causa, profunda y auténtica, el tema económico pasa a segundo plano.

Al final, todos somos humanos y queremos conectar con ese sentido de altruismo que tenemos en nuestro código genético.

6) Modelo de negocio

En los últimos años las cosas se han puesto aún más creativas. Porque mientras antes se trataba de ver los cambios por encima, ahora también se ha popularizado ser radicalmente diferente en la ingeniería de cómo hacer dinero, es decir, en el modelo de negocio. Esto habla de tu manera de generar ingresos.

Un ejemplo de estos modelos de negocio nuevos son las plataformas. Son negocios sin activos, sin empleados y que viven de transacciones. Uber y Airbnb son los casos insignia. Presentaron una nueva forma de construir un modelo de negocio.

Los modelos de suscripción, o los que se están creando a través de *blockchain*, son otros ejemplos de cambios estructurales sobre la columna vertebral del negocio.

Tener un modelo de negocio diferente es otra capa de la cebolla.

El quid de la verdad

La diferenciación tradicional queda muy corta en esta era de los negocios que yo bauticé como la radi-calidad disruptiva. En esta era en la que todos debemos ser radicalmente sorprendentes necesitamos pensar multidimensionalmente. Necesitamos crear diferenciación multivariable. Necesitamos lograr que desde cualquier lado donde el cliente vea una empresa, la encuentre sorprendente y única. Esto sólo se logra a través de una estrategia seria de diferenciación en múltiples variables del negocio. En este capítulo presentamos seis, pero en el futuro espero que sean aún más.

La tercera mentira:

Cuando entres a consultar tus bancos, ahí estará toda la utilidad de tu negocio

La verdad: El mundo te va a "jinetear"[1] el dinero y serás víctima de tu *cash flow cycle*

Hace poco leí un estudio que detallaba las principales causas de muerte de empresas de reciente creación (menos de cinco años). Descubrí que la segunda causa de muerte son los problemas de flujo de efectivo —en empresas que estaban logrando utilidades—. Impresionante, ¿no? Es decir, una empresa que funciona, vende, tiene clientes, empleados y procesos podría enfrentarse al cierre total porque su dinero está "desaparecido".

Llevar el control de los números de un negocio parece cosa fácil, pero en la práctica las condiciones de pago y la labor de cobranza hacen que el flujo de dinero se vuelva un proceso demasiado difícil. En ningún lado, ni en la escuela ni en los libros de negocios —por lo menos no en los más de 2 000 que he leído— te explican lo complicado que es el mundo real en términos de plazos de pago. Nunca me he topado con algo así: "Te van a decir que te pagan tal día, pero la realidad es que eso no va a suceder". Es algo que aprendemos más bien ya cuando estamos de lleno en la vida laboral. Por ejemplo, el caso típico: luego de brindar un servicio, enviar la factura y esperar la fecha acordada de pago, descubres que no recibiste el dinero. Al ver

---

[1] En México usamos esta expresión para referirnos a la demora en los pagos con el fin de obtener una ganancia.

que tu pago no sale, llamas y te dicen que lo traspapelaron o que por un error de sistema no pudieron hacer la transferencia, pero que lo harán en los días siguientes. Pasan los días y tampoco recibes el dinero. Claro, cuando estás a punto de mandar a tus abogados, suele aparecer en tu cuenta bancaria.

No quiero parecer exagerado, ni tampoco decir que lo anterior sucede en todos los negocios, pero es un hecho que en el mundo real los pagos no tienen nada que ver con lo que dicen los libros de las escuelas de negocios. En algunos casos son las condiciones publicadas (de pagos en periodos larguísimos), y en otros casos son realidades informales. Lo cierto es que el dinero no llega en el momento que debiera y tu cuenta de banco no reflejará los resultados del negocio. Al menos no cuando lo necesitas. Tampoco quiero jactarme de que estoy inventando el hilo negro. La realidad es que los contadores tienen mucha ciencia atrás para darles nombre a los síntomas de lo que sucede en los negocios. Lo que sí quiero evidenciar en esta mentira es que todos los días de tu vida vas a remar contra los problemas de flujo de efectivo —aun cuando tu negocio esté creciendo y haciendo una labor extraordinaria—.

El mundo de los negocios sería muy sencillo si todas las ventas fueran de contado, pero la realidad es que nadie quiere pagar así.

En Latinoamérica, sobre todo, la gente quiere hacer un uso súper eficiente de su flujo, por lo que **siempre alarga los procesos de pago**. Por otra parte, las áreas de compras miden su éxito en función de los días de pago, así que se han encargado de hacer del proceso de pago una tortura para cualquier nueva organización.

Recuerdo perfecto un caso de consultoría que realizamos hace poco tiempo. Salimos triunfantes de una reunión porque habíamos logrado vender un proyecto de consultoría grande a una empresa que cotizaba en bolsa. La empresa pactó con nosotros ese proyecto que nos daría seis meses de trabajo. Después de haber comenzado y firmado los contratos, iniciamos el proceso administrativo para su cobro. Resultó que las áreas eran independientes y no hacían pago alguno hasta que el servicio estuviera finalizado al cien por ciento. No queríamos perder al cliente y decidimos llevar a cabo el servicio. Terminamos nuestro trabajo (seis meses después) y retomamos el procedimiento administrativo. Ahora arrancaba el proceso de alta de proveedores, el cual tomaba 30 días. Una vez terminado ese proceso, se tenían que conseguir todas las autorizaciones de pago, que demoraba entre 15 y 30 días. Ya con autorizaciones, se programaba el pago, que se concretaría seis meses después. Conclusión: la junta de la que salimos triunfantes fue en enero, recibimos el pago en octubre del año siguiente debido a las muchas complicaciones que sufrimos durante todo el proceso. **Nos tomó 22 meses entender que los negocios no sólo significan utilidad. Son cosa de tiempo**. En ninguna clase de negocios te enseñan que te vas a estar enfrentando a este tipo de casos todos los días.

> Los ciclos de flujo de efectivo suelen ser un talón de Aquiles para la mayoría de los negocios en crecimiento.

El dinero no es algo que va y viene de mano en mano, tampoco algo que recibes en un proceso de dos pasos. El dinero invertido y recuperado luego del trabajo, producto o servicio que ofreces sigue un **ciclo** que lleva diferentes tiempos. Por eso es importante que entiendas qué significa el **ciclo del flujo de efectivo** (CFC, por sus siglas en inglés *cash flow cycle*), de qué elementos depende y cómo afecta tu negocio. Te lo digo por algo bastante sencillo: las personas tienden a meterse a ciegas en un negocio sin tener una idea de cómo se mueve el dinero en ese rubro en particular y de cómo ese movimiento termina siendo un freno para su propio crecimiento.

El CFC se refiere al tiempo total en que el negocio "fabrica" dinero. Implica, por un lado, todo el tiempo que toma llevar la solución al cliente y luego se resta el tiempo que el emprendedor tarda en pagar a sus diversos proveedores. Si logras un ciclo de flujo negativo, habrás encontrado la llave mágica para impulsar el crecimiento exponencial de tus negocios (sin necesidad de inversión). Pero veamos con mayor detalle este tema que vale la pena destacar.

¿Por qué es estratégica esta verdad?

El tiempo es una variable vital que los dueños de los negocios suelen dejar fuera. Si tomas conciencia del CFC, obtendrás dos superpoderes:

1. Saber cuánto dinero estará "desaparecido" en tu vida.
2. Conocer tu tasa de crecimiento autosostenible (SFG, por sus siglas en inglés, *self-financeable growth*), que para mí es uno de los indicadores más importantes de los negocios. Este concepto te lo explicaré más abajo.

Hablemos primero del **extraño caso de la desaparición del dinero**.

Es necesario entender que el CFC arranca cuando pagas por tu inventario: el producto por vender o las materias primas para empezar a producir o el material necesario para armar aquello que vas a vender. Y termina no cuando recibes el pago por tu producto o servicio, sino recién cuando eres tú quien paga a los proveedores y generas entonces la utilidad.

Si hablamos del recorrido del dinero, del seguimiento que debe dársele, es necesario entender los **momentos** por los que pasa, porque quizá no hayas caído en la cuenta de que, en ciertos puntos, no tienes ni idea de en dónde está tu dinero. No "existe" en ningún lado.

Primer momento: cuando recibes el inventario tienes un plazo de pago, tus cuentas o lo que te costó producir.

Segundo momento: a partir de que logras una venta de lo que tengas en tu inventario. Por supuesto, es un plazo que puede ser corto o largo, pero como el cliente no paga siempre de contado, el tiempo corre. El problema es que este periodo entre que tú pagas el inventario y a ti te paga el cliente es larguísimo y, no sólo eso, sino que el dinero no existe, **está desaparecido**.

En ese segundo momento tu negocio, que necesita dinero para sobrevivir y para crecer, se estanca. Entonces el dinero en este tipo de negocios está sujeto al **ciclo operativo del flujo de efectivo** (COFE).

Para tratar de ser más rentable y de lograr un negocio mucho más atractivo, deberás enfocarte en **tres puntos** específicos dentro del ciclo:

Punto A: el momento de pagar el inventario. Entre más largo sea el periodo de recepción y de pago, mejor. Es decir, acércate al punto de la venta. Lograrlo es difícil, pero busca negociar más fuerte con tus proveedores o pide consignaciones (lo ideal).

Punto B: acorta el punto de ventas. Mejorarás así el flujo de efectivo.

Punto C: cobra rápido. Tienes que minimizar el tiempo de espera. Busca la forma.

 (Te recomiendo que veas un video en mi canal sobre el tema de cobranza para que indagues más sobre el tema.)

Cuando entiendas esto sabrás en dónde está tu dinero y cuánto te tomará recibir la ganancia. Es decir, sabrás que no está desaparecido, sino atado al ciclo operativo de flujo. Si ya estás jodido, es decir, metido en la venta de productos y no de servicios, tienes que aprender a manejar y jugar con estas palancas para que seas tú quien controle el flujo de efectivo. Así vas a llevar tu negocio al siguiente nivel.

COFE

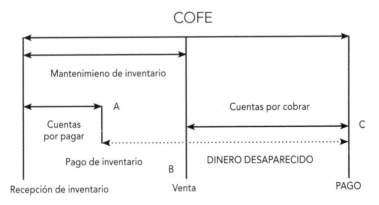

Ahora llegó el momento de hablar del segundo superpoder: la SFG.

Cuando tienes claro el CFC, entonces puedes calcular tu SFG. Éste es el indicador más importante para mí de los negocios y que, además, ha recibido muy poca publicidad.

Este indicador sirve para detectar el ritmo al que un negocio puede mantener su crecimiento con su propio ingreso sin recurrir a inversiones adicionales o financiamiento. Éste se obtiene de tres factores que, en su conjunto, lo determinan: el ciclo del efectivo, la cantidad de dinero que se necesita para financiar cada dólar en ventas, y el dinero que genera cada dólar en ventas. Saber tu SFG no se limita sólo a detectar tu tasa de crecimiento sostenible; si la conoces, es posible que entiendas qué tan eficientes son tus operaciones, la manera en que los márgenes de utilidad afectan tu capacidad de potenciar el crecimiento, cuáles productos o servicios y segmentos de clientes tienen un mayor potencial de crecimiento y qué tipo de negocios resultan atractivos para la inversión.

Déjame detallarte conceptualmente esta idea. Para calcular el SFG necesitas saber cuánto de tu dinero está atado al ciclo de flujo de efectivo y cuánto de tu dinero se requiere como reserva operativa para el siguiente periodo. En realidad no puedes utilizar esos dos componentes de tu dinero. Por lo tanto, aquel sobrante de "flujo" es la cantidad que, si decidieras reinvertir, podrías usar para apalancar tu crecimiento. Este dinero que puedes reinvertir determinará el porcentaje al que crecerás. Entre más dinero esté atado al CFC, menos puede crecer un negocio.

Cuando determinas qué porcentaje de tu dinero está verdaderamente libre, el cálculo del SFG es asumir que reinvertirías el cien por ciento de ese dinero. Si lo hicieras, ¿a qué porcentaje de crecimiento llegarías?

El 95% de los emprendedores con los que hablo no quiere usar ni deuda ni recursos de inversionistas adicionales para hacer crecer su negocio. Si éste es tu caso, entonces **el** SFG **es el dato que te dice dónde vas a estar dentro de cinco años.** No importa qué tan chico sea el negocio, si tiene un SFG alto va a crecer, y poco a poco se va a consolidar. El SFG es la medida que determina qué tanto puedes hacer negocios sin inversión. Si el SFG es bajo y quieres que el negocio crezca, inevitablemente tendrás que inyectar capital de fuera. Y todos queremos que los negocios crezcan, porque si no, son planos, estancados. (Te recomiendo que te acerques a un experto en el tema, como un financiero, para que lo calcule para tu negocio.)

¿Qué necesitas para regir tu empresa por esta verdad?

Ya te habrá quedado claro que el dinero es el oxígeno que necesitas para operar un negocio y, por supuesto, para hacerlo crecer. Por lo tanto, es imprescindible que sepas cómo se mueve el dinero en el sector de tu negocio para que no sea un límite para el crecimiento de tu empresa (no es lo mismo si es un restaurante que se mueve con puro efectivo, que un negocio de clientes B2B). Para eso ya te hablé de los superpoderes. **Debes conocer el** CFC **de tu negocio** que determina el tiempo en el que no tienes control de los recursos. Te aclaro que no tener control del dinero implica que vas a necesitar de líneas de crédito para sobrevivir.

Te recuerdo, además, que para crecer vas a necesitar bastante dinero. Ya te hablé del sFG, que es el indicador que te dice cuánto puedes crecer en función de tu flujo. **Si no quieres recurrir a las líneas de crédito, deberás tener muy claro tu sFG.** Lo cierto es que crecer implica, además, costos: de *marketing*, de ventas, de innovación, etcétera, por lo tanto, **controlar el flujo es poder hacer estas inversiones para crecer.**

> Cuando no controlas tu flujo no tienes recursos
> para invertir en tu crecimiento.

En otras palabras, el jineteo del sistema limitará tu potencial.

MODELOS TÉCNICOS DE LA VERDAD

¿Por qué reducir el tiempo del ciclo del dinero?

Vamos a suponer que vendes paquetes o kits para preparar café en casa: tazas, prensas francesas (o cafeteras de émbolo), cucharas, platos… Pensemos que compras todo por separado y luego le imprimes tu marca, sello, alguna frase ingeniosa —lo que te venga a la mente—, luego armas los kits y eso se considera el tiempo de producción, pero no tienes una tienda, así que tus clientes son, precisamente, tiendas. Por lo tanto, además, tienes que pagarle a un distribuidor para que los lleve a los aparadores.

Lo primero que necesitas para arrancar con la cadena es comprar inventario, materiales para la producción. Luego realizarás el proceso de estampar y de armar los kits, que toma un tiempo determinado, y de ahí vas con tu proveedor para que distribuya en tiendas. Entonces, **el primer momento** del ciclo del dinero es en el que, luego de haber hecho una orden, sacas dinero de tu caja y pagas a tu proveedor. Empieza a moverse el dinero, como aparece en la gráfica del COFE, y de ahí esperarías el pago que la tienda debe hacerte por tu producto, pero, como ya te comenté, más de un cliente, por no decir todos, te dirán que van a pagarte en 30, 60 o, incluso, 90 días. ¡No verás el dinero en un buen tiempo!

Entonces viene otro periodo de espera, **el segundo momento**, aquel que corre entre el que el producto se "vende" y ese día glorioso en el que, por fin, te lo pagan las tiendas. Y de ahí todavía te toca a ti descontar lo que has pagado a proveedores para poder decir que has generado una utilidad para reinvertir y comenzar con el ciclo de nuevo o para guardarte el resto en el bolsillo.

¿Te das cuenta de lo complejo que es?

La importancia de los tres conceptos

Volvamos a los tres conceptos (puntos A, B y C) que deben quedar claros. Hablo de conceptos porque, ya he dicho antes y repito ahora, mi meta es que pienses en los negocios de **forma conceptual**, que los veas como una idea y no sólo con cifras y cuadros.

- Inventario: ¿cuántos días está almacenado ese inventario? ¿Cuánto cuesta reponer el inventario?

- Proceso de cobro: ¿cuántos días demora el cobro de los productos vendidos o servicios brindados?
- Cuentas por pagar: ¿cuánto dinero se destinó al pago de proveedores? ¿Qué gastos de impuestos o servicios implica el negocio o emprendimientos?

Ahora hay que verlo como una fórmula para entender cómo estos tres periodos deberían de funcionar a nuestro favor:

$$\text{Inventario + cuentas por cobrar − cuentas por pagar} = (−) \text{ CFC}$$

El resultado de esa operación sencilla determinará qué tan complicado estás. Dicho en forma de oración:

Un ciclo negativo de conversión de efectivo es el estado deseado en la vida. Cuando ese ciclo es positivo necesitarás traer recursos de otro lado, puesto que tu dinero está desaparecido.

Para entenderlo mejor, voy a definir lo que es **un ciclo de efectivo negativo**. No hablo de dinero ni de estar en números rojos, sino de **tiempo** negativo, y por eso quizá podría ser difícil de entender. Bien, supongamos que te toma 30 días vender algo, cualquier producto, aquí implica desde el desembolso inicial hasta su venta. De ahí, se tardan otros 30 días en pagarte, o bien, digamos unos cinco más, tomando en cuenta excusas y trámites. Van 65 días. Ahora, ¿en cuánto tiempo les pagas a tus proveedores? Digamos que te tomas 15 para hacerlo:

$$30$$
$$+35$$
$$-15$$
$$+50$$

Si usamos este caso básico, tu empresa lleva un periodo de flujo de efectivo de +50 días.

Esta verdad sirve para descubrir una mentira general, ésa de que la utilidad se halla en tu cuenta de banco, y eso define la rentabilidad del negocio, pero existe **un obstáculo**, y éste es que las empresas no se dedican año tras año a mejorar el número, a **reducir el tiempo**, que es el de los días del flujo del dinero. Toda su energía se halla en el número de la utilidad.

Pero bueno, ahora hagámoslo al revés y vayamos al extremo. Para este caso es más fácil usar el ejemplo de un restaurante. Al tratarse de alimentos es normal (y hasta tema de salubridad) que el inventario esté no más de dos días en el negocio. De ahí, el tiempo de cobranza es de cero, pues el día que se vende se paga. Digamos que, independientemente del tipo y tratos del restaurante, no tarde más de una semana en pagar a sus proveedores, sobre todo porque siempre tiene dinero en las manos.

$$2$$
$$+0$$
$$-8$$
$$-6$$

Hablamos de un periodo de -6. Cuando cuentas con un ciclo negativo, **quienes invierten en tu negocio son los mismos proveedores, no tú.**

Pero salgámonos de los restaurantes y usemos el caso de Amazon. Ésta es de las pocas empresas que viven un flujo de efectivo negativo. Esta empresa genera ingreso antes de pagarles a sus proveedores porque los pagos son inmediatos. En el cuadro de abajo comparo los flujos de efectivo entre Ford y Amazon.

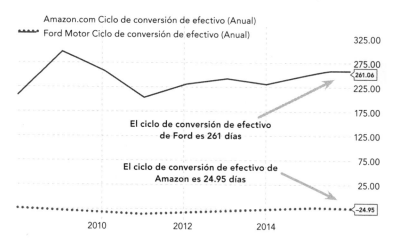

Si Ford tarda 261 días en darle la vuelta al dinero, y Amazon -24.5, quiere decir que Amazon está financiada con dinero de los proveedores y por eso es tan efectiva.

Ahora, entiendo que quizá no tengas un restaurante ni piensas abrir uno (ni operas Amazon), pero el punto está en encontrar **mecanismos** para **darle la vuelta** al flujo del dinero y, con eso, lograr que sea lo más negativo posible. También necesitas entender que el cofe de tu empresa **no es un número fijo**: al hallar dichos mecanismos puedes cambiarlo año tras año. Puede mejorarse. Incluso es posible reducirlo gradualmente.

Entonces, la pregunta que quiero hacerte es: ¿cómo apalancas el crecimiento de tu negocio en función del número ideal? ¿Qué tipo de negocios te permiten operar con ciclos negativos? ¿Sabes cuál es el tiempo de tu CFC?

Las empresas con flujos positivos dependen de su deuda para crecer. La deuda se vuelve una obligación, por lo tanto, llega a ser parte de los costos financieros. El tipo de negocios que venden *business to business*, a los que se les dificulta cambiar los tiempos del flujo de efectivo, requieren de **líneas de crédito** cada vez más amplias si lo que buscan es crecer. Por lo tanto, el tamaño de la línea de crédito será directamente proporcional al **potencial de crecimiento**. Y esa deuda se vuelve parte de su estructura de costos.

Se necesitan demasiados recursos, así que es mejor cambiar el tipo de negocio o cambiar su forma de operar.

El caso de Apple

Existen mecanismos diferentes. Lo que hizo Apple para acortar el flujo fue abrir sus propias tiendas para restarle días (al flujo). Lo interesante es que cuando sucedió hubo quienes criticaron el movimiento porque la veían como una empresa de tecnología, no de ventas al menudeo y, por supuesto, pensaban en el costo que representaba en espacio y en empleados. Visto el caso anterior, la idea es que aprendas qué hacer, cuáles son las **estrategias** necesarias para disminuir el ciclo.

Antes hablé de tres conceptos: inventario, proceso de cobro y cuentas por pagar. Si los ves como conceptos, como posibilidades para ponerte creativo y cambiarlos, voltearlos, salirte de la caja, será más probable que cambies y logres reducir tu ciclo.

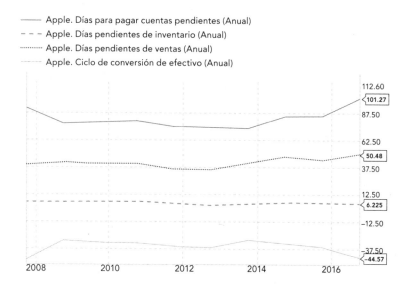

Apple. Días para pagar cuentas pendientes (Anual)
Apple. Días pendientes de inventario (Anual)
Apple. Días pendientes de ventas (Anual)
Apple. Ciclo de conversión de efectivo (Anual)

Ahora, si bien en todo este tema del flujo de efectivo existe un problema principal, en la práctica van surgiendo bastantes problemas, o bien, **obstáculos** para lograr el objetivo de reducir el tiempo.

Por ejemplo, si un negocio busca crecer y tiene clientes que le pagan a 90 días, quizá estos clientes le pidan más producto, pero exigiendo un mayor tiempo de pago. Más dinero a costa de un cfc mayor. ¿Qué sucede si de 90 se pasa a 120 días? Sí, ingresaría, en teoría, más dinero, pero ¡¿cuándo?! Va en contra del objetivo de reducir el tiempo del flujo de efectivo. Además, esto representa un mayor costo para seguir produciendo y moviendo el producto, es decir, más crédito porque el dinero no ha llegado.

Otro ejemplo más duro: ¿qué pasa cuando el cliente se tarda más o no paga? Hay que seguir manteniendo el negocio, ¿no? ¿De dónde vas a obtener ese dinero? Si le pierdes la pista a tu ciclo y éste se va alargando por diferentes motivos, como los que dije arriba, te vas a meter en problemas de los que será difícil salir.

Otro inconveniente es el de los **canales de distribución**. Muchas veces la empresa no controla los tiempos de los canales de distribución y, por lo tanto, le es casi imposible reducir los del cfc como quisiera. Si la empresa, por otro lado, se distribuye, si controla la llegada del cliente, entonces tiene todo el poder para acortar el periodo de flujo de efectivo.

Para lograr la reducción del cfc te propongo cuatro retos:

1. Pensar en el modelo de negocio para tener una salida, mejorar condiciones de crecimiento (abrir tiendas propias, vender en línea, vender otra línea de productos de contado). Replantea tu negocio para que el crecimiento sea más noble.
2. Ojo con el financiamiento a través de deuda. Piensa en cómo conseguirla, considerarla en los costos, etcétera.
3. Mide el ciclo constantemente. Y mejóralo.
4. Determina el tiempo deseado. Fija una meta.

El quid de la verdad

*Cuando arrancas con un negocio, en lo primero que debes pensar es en el margen de utilidad. **Ésta es una de las grandes mentiras que te cuentan en las escuelas de negocios**. Hacen esto porque, cuando el margen es amplio, piensas en que ya la hiciste, sin pensar en que el dinero en tu negocio tiene un recorrido que a veces desconoces y, por lo tanto, primero le pierdes la pista y, segundo,* ese recorrido o CFC se vuelve demasiado largo, te retrasa y a veces impide el crecimiento.

La verdad es que la ganancia de tu negocio no depende exclusivamente del margen de utilidad, sino del flujo del dinero. Por lo tanto, lo ideal es que detectes el tiempo de tu ciclo de flujo de efectivo, que detectes si los días están en positivo o en negativo. Lo ideal es tener negocios cuyo ciclo sea negativo, que el dinero nunca se estanque y te alargue el tiempo de espera.

Para lograr la reducción del tiempo de tu ciclo es necesario que conozcas tu negocio y que encuentres los mecanismos precisos para lograrlo. Debe quedarte claro que es posible reducirlo año tras año, que no es un número fijo.

La cuarta mentira:

Tienes que cumplir con todos los objetivos que dice la teoría

La verdad: Hay objetivos de negocio que se contraponen. La *estrategia* es el arte de saber cuál camino elegir

Los conceptos básicos del universo de los negocios son demasiado fáciles de entender. De hecho, cuando los ves en un libro —o de manera aislada— parecen cosa sencilla. Te pongo un ejemplo. Imagina que vas a una clase de esas teóricas que pululan en las universidades. En la clase se habla de la definición de utilidad en un negocio. Te explican que la utilidad es el dinero restante entre ingresos y costos, y la rentabilidad es la medida de esa utilidad. Entre más alta, mejor. Fácil, ¿no? Al día siguiente vuelves a ir a la misma clase y resulta que hay tema nuevo, el de crecimiento. La tasa de crecimiento se refiere al porcentaje de crecimiento que tienen tus ingresos de un periodo al otro. El crecimiento es bueno, así que entre más logres, mejor.

La escuela de negocios pareciera una cosa para cualquiera.

De manera aislada y en la teoría, todos los conceptos e ideas de negocio son fáciles de entender.

La vieja y mentirosa escuela de los negocios te habla de los conceptos como cosas aisladas y te dice que tú debes lograrlos todos. A ver cómo carajos le haces, pero tienes que cumplir. Como joven estudiante suena prometedor: en las páginas de los libros ves lo que cada concepto te va a aportar y te imaginas triunfando en todo. Y sueñas. Sueñas porque en los libros te lo escriben y pintan todo de maravilla.

El problema llega cuando te enfrentas a la práctica y te das cuenta de que las ideas de algunas de las "clases" que te dieron se contraponen. Buscar uno de los conceptos significa alejarte de otro. Y a la inversa. Quieres ir a uno y quieres ir a otro. No puedes estar en dos al mismo tiempo. Es como si la fuerza de gravedad de cada uno te jalara hacia sí. Ninguna gana, pero ambas te siguen atrayendo.

Cuando dos fuerzas paralelas se ejercen en sentido opuesto se genera un equilibrio (tensión, si lo entendemos en un cable o cuerda). Este equilibrio significa estatismo. Cero movimiento. ¿Cómo podría entenderse esto en los negocios? El ejemplo más sencillo es justo el de la tensión que existe entre las fuerzas de **rentabilidad** y **crecimiento**.

¿Quieres hacer crecer más tu negocio? No saques utilidades. Reinvierte. ¿Quieres utilidades? Tómalas, pero estarás destruyendo el crecimiento de la empresa. No sabes decidirte por uno o por otro así que, muchas veces, te quedas quieto. Eso es lo peor que puedes hacer.

"Rentabilidad" y "crecimiento": dos conceptos sencillos de tus clases.

Los maestros te enseñaron que ambos son importantes.

Los maestros te dijeron que era fácil lograrlos.

Ahora, en el mundo real, te mienten, será obligatorio escoger entre ellos.

Como comenté, en el mundo de los negocios existen varios objetivos que parecen contraponerse, y los libros de negocios, académicos o no, dicen que todos son vitales, lo que te deja ante la disyuntiva de elegir uno u otro. La elección es una de sus más grandes mentiras y, al mismo tiempo, uno de los frenos más potentes para tu desarrollo.

Es posible identificar varios objetivos que viven en constante contraposición, pero existen tres casos que podrían ser considerados los más importantes. Los autores Dodd y Favaro[1] los bautizaron como las **tres tensiones**: la rentabilidad y el crecimiento, el hoy contra el mañana, y el todo contra las partes.

Las 3 tensiones

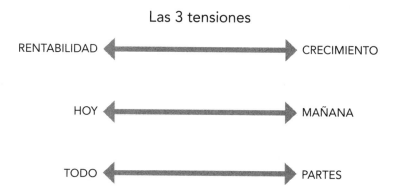

Las tres tensiones son los ejemplos más claros que hay de cómo se pueden contraponer objetivos en el mundo de los negocios y lo difícil que es tomar decisiones cuando nos enfrentamos a ambas fuerzas. De hecho, en cada una de las tensiones, los extremos son tales que de verdad nos orillan a elegir. ¿Qué hacer en esos casos? ¿Cuál de los caminos elegir? ¿Cómo tomar conciencia de la tensión que vive tu empresa?

Las escuelas de negocio se quedan muy cortas en entender esta realidad y cuando estás en la práctica dura de los negocios es extremadamente difícil elegir.

---

[1] Dominic Dodd y Ken Favaro, *Las tres tensiones*, Ediciones Granica, Barcelona, 2008.

¿Por qué es estratégica esta verdad?

Porque cuando no eres consciente de la existencia de los varios objetivos que se contraponen, tu empresa cae en una serie de ciclos en apariencia infinitos. Y la verdad ante esta mentira es que es posible combinarlos no sólo para seguir creciendo, sino también para potenciarlos. Déjame detallar los objetivos de los que hablo.

Comencemos con el caso de la rentabilidad contra el crecimiento. Digamos que empiezas un gran ciclo de crecimiento y decides invertir más en tu empresa. *Marketing*, innovación, talento: inversión, inversión, inversión. Luego de esto, con demasiada rapidez se pierde el control de costos y el área administrativa detecta erosiones fuertes en los márgenes. Producto de ese diagnóstico, decides reenfocar el objetivo de tu empresa y ahora buscas más rentabilidad, así que arrancas varios programas para ahorrar costos. Es momento de limitar y de enfocarse en entregar utilidades a los socios. Eso sigue hasta que la competencia empieza a ganar terreno debido a la falta de inversiones. ¿Qué pasó? Es ahí en donde se reinicia el ciclo. De nuevo inviertes y ya sabes hacia dónde se dirige eso. ¿Seremos siempre víctimas de los ciclos de estas tensiones?

Los mismos tipos de ciclos se viven con las otras dos tensiones. En los periodos de optimismo, se apunta hacia el largo plazo, hasta que ese largo plazo no demuestra resultados a corto plazo porque todo se planea para el después. Así, inicia la presión del corto plazo y ése se vuelve el enfoque, hasta que el equipo directivo vuelve a mirar hacia el futuro porque no sabe si sus acciones repercutirán de forma positiva años después.

Y qué decir del todo contra las partes. Primero se piensa en el corporativo y luego en las inversiones en negocios independientes, en crecer unidades de negocio hasta que tenga sentido centralizar otra vez.

Las tres tensiones que cada compañía enfrenta

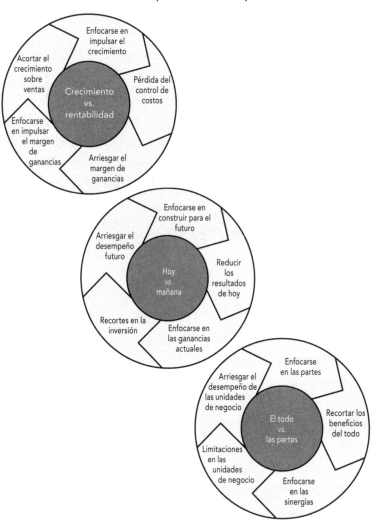

En estos tres casos pareciera que el ciclo nunca termina. Es un estira de un lado y afloja del otro para luego volver a cambiar. Quienes no hayan vivido en la práctica estas situaciones se sentirán víctimas del ciclo perpetuo de estas tensiones. Por eso es estratégica esta verdad para saber cómo resolver las tensiones más importantes y luego salir del ciclo.

¿Qué necesitas para regir tu empresa por esta verdad?

Lo más importante para mí en este capítulo es que tengas conciencia de que existen esas contraposiciones de la teoría y que tu mente desarrolle una capacidad para entender estratégicamente qué posición debes tomar y defenderlas. Hay una frase que dice que el liderazgo es la capacidad de ver los dos lados de la moneda. En este caso, ver las dos caras de la moneda es justamente tener conciencia de las tensiones.

Dado que las tres tensiones son las más recurrentes en los negocios, hablaré de ellas principalmente, pero no dudo de que en tu carrera como emprendedor encuentres otros objetivos que se contrapongan. Todos los días aparecen conceptos nuevos para navegar este mundo de los negocios y normalmente vienen a exigirte ciertas acciones, y éstas seguro afectarán otro lado del negocio. Esto es como cuando estás durmiendo y tienes una colcha muy pequeña: la jalas de un lado y se destapan los pies, jalas del otro y no te cubre el cuerpo. Por eso mi intención en este libro no es decirte cómo va la colcha, sino simplemente que entiendas que existe y que, al estar consciente de dónde está ubicada, sepas hacia dónde dirigirte en el largo plazo.

MODELOS TÉCNICOS DE LA LECCIÓN

Las tres tensiones

1) Rentabilidad *vs.* crecimiento

Te voy a plantear dos escenarios: uno en el que tu negocio disfruta de un crecimiento de 40% y en el que no hay ganancia ni pérdida, *you're break even*. En el otro creces 10% y tu margen es de 20%.

¿Con cuál te quedas?

El proceso que sigas para decidir obedece a este tipo de tensión, a un choque de objetivos, porque tienes que definir primero cuál es más importante para ti en un momento determinado. Si te importa el crecimiento (que es lo que todos responden, aunque sin saber a qué se refieren), entonces la meta es **operar con utilidad en cero**. Pero piensa en tu negocio, piensa en el crecimiento que buscas y que presumes como tu objetivo principal. Ahora, ¿de verdad operas con utilidad en cero? Si le regresaras toda la utilidad al negocio, ¿cuál sería tu tasa de crecimiento?

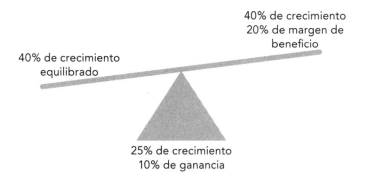

40% de crecimiento
20% de margen de
beneficio

40% de crecimiento
equilibrado

25% de crecimiento
10% de ganancia

Ya que te puse en ese aprieto y te hice pensar en qué buscas, vuelvo al origen de la verdad: **no tienes que decidir entre crecimiento y rentabilidad**, así que mejor vamos a pensar en un escenario intermedio:

Por ejemplo, pensemos en un escenario balanceado con 25% de crecimiento y 10% de ganancia. Es muy posible que, sin darte cuenta y sin saber cómo lo hiciste, si echas números, si te tomas una pausa para revisarlos, te encontrarás (en tu negocio) en un escenario parecido a este tercero. Si es así, lo primero que vas a pensar es que ya me diste en la madre, que así es el escenario ideal.

Pero no. El punto medio de la tensión es el equilibrio, que significa en realidad un estatismo del que deberías huir en los negocios, porque lo contrario al crecimiento no siempre es el empequeñecimiento, sino el quedarse quieto.

Recuerda que a mí **me interesa tu crecimiento exponencial**, no un 25%, aunque éste se encuentre balanceado con la rentabilidad. ¿Y qué detona el crecimiento de cualquier empresa? La inversión de cualquier tipo ya sea en *marketing* o en ventas, porque son recursos los que generan recursos.

> "¿Qué es lo que impulsa el crecimiento? Más vendedores en empresas B2B y un mayor presupuesto para compañías B2C. Ambas suelen pasar por un periodo de subida antes de que generen ganancias."
> Deeb, *Forbes*

Cuando pienso en crecimiento me vienen a la mente datos que suelo dar a mis socios en mis cursos y lecciones de crecimiento exponencial. Por ejemplo: en 2018 más de 80% de las empresas que se hicieron públicas (las que empezaron a cotizar en la bolsa o IPO) en Estados Unidos **perdió dinero**.[2]

Sin embargo, se están comprando muchas más acciones de las empresas que crecen y pierden dinero que de las que ganan dinero y muestran menor crecimiento.

Está clarísimo que **el mercado valora más el crecimiento que la rentabilidad**. La pregunta es ¿por qué? Puedes hallar una respuesta en el video de mi página *Salen a la bolsa de valores y pierden valor*.[3]

Cómo funciona el financiamiento de las *startups*

Una *startup* hipotética pasa de la idea a la Oferta Pública Inicial (IPO)

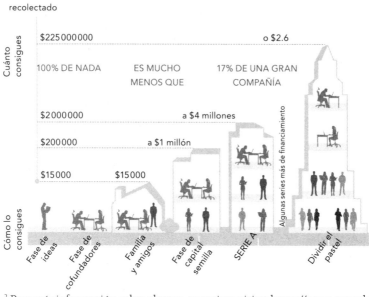

---

[2] Para más información sobre el tema, te sugiero visitar https://news.crunch base.com/news/over-80-of-2018-ipos-are-unprofitable-setting-new-record/.

[3] https://www.facebook.com/c4rlosmunoz/videos/2346376338975526/.

La respuesta es sencillísima: en Estados Unidos las empresas se piensan para venderse, no para operarse. No buscan hacerse millonarios con el ingreso, con su rentabilidad mes tras mes o año tras año, sino con el valor de venta. Por eso el proceso de crecimiento de sus empresas trata de ir buscando inversionistas cada vez más importantes: primero cofundadores, luego *friends and family*, para llegar a inversionistas semilla y los de serie A, B y C, hasta llegar a las IPO. Y ahí sacan su dinero.

Ésa es la importancia del crecimiento: eso es lo que de verdad le da valor a la empresa, no su capacidad de generar ingresos. Si te fijas, decidí que la empresa debería crecer, es decir, elegí uno de los objetivos. Sin embargo, lo que la práctica me ha enseñado es que tienes que buscar **soluciones** que puedan concretar **ambos objetivos** a la vez. El problema es que te han mentido en las escuelas de negocios diciéndote que debías elegir uno u otro, te obligaban a tomar uno o el otro **sin pensar en el otro**.

Ahora bien, la solución para esta tensión (y para todo lo que hagas con tu negocio, en realidad) tendrá que ser, forzosamente, **innovadora,** porque es algo que pocas personas hacen. Lo que encuentres unificará ambas tensiones. Para lograrlo tienes que encontrar atajos, formas originales de conectar y atraerlos.

Encuentra *hacks*

Tu trabajo, entonces, será encontrar *hacks* o trucos para dar con soluciones alternas que te permitan resolver la tensión entre rentabilidad y crecimiento. Yo hice el mismo trabajo en mi primer emprendimiento y te voy a decir qué fue.

Una solución que me ha gustado como forma para salir de la tensión es la posibilidad de crear empresas subsidiarias educacionales que no generen utilidades. Déjame aclarar un poco esta frase. A raíz de las publicaciones de mis libros del tema inmobiliario (tengo seis en la materia),[4] me pedían que diera cursos y conferencias sobre las materias de las que hablaba en el libro. Si hubiera visto esta actividad como otro generador de negocios, entonces habría sido muy conservador con las posibilidades, porque tenía que dar utilidades. Si lo hubiera visto como una estrategia de *marketing*, entonces me habría costado muy caro porque tenía que subsidiar todo el tiempo esos eventos y eso hubiera erosionado los márgenes de 4S. Mis socios y yo lo vimos diferente: decidimos crear una empresa subsidiaria de educación cuyo fin fuera operar con cero utilidad. Iba a reinvertir todos sus ingresos para seguir creciendo, sin ningún fin de ganar dinero. Pero tampoco iba a perderlo. De cierta forma, se iba a "sacrificar" por su hermano mayor. En otras palabras, una pequeña empresa educativa operaba en cero (o con ligera pérdida) para fungir como herramienta de *marketing* de su hermano mayor, el cual con ese ahorro no tenía que escoger entre crecer y rentabilizarse.

Por eso es por lo que justifico entrar al negocio de cursos, porque lo hago como una herramienta de *marketing*, ya que ese componente no representaba una oportunidad de negocio. Lejos. Muy lejos de serlo. De hecho, esto, los talleres cursos y

---

[4] Te detallo mis libros por si te interesa ahondar en el tema: *Innovación en desarrollo inmobiliario* (2014), *El futuro del Real Estate* (2015), *50 lecciones en desarrollo inmobiliario* (2016), *Los 100 secretos de las rentas* (2017), *Radi-calidad disruptiva* (2017), *Radi-calidad disruptiva II* (2019), todos publicados por Bienes Raíces Ediciones, Buenos Aires.

demás, como negocio son terribles si su única función fuera la de generar ingresos. Sin embargo, el truco estuvo en entender que estas acciones educacionales son *marketing* **autosostenible**.

Entonces, entre más crece la empresa (de cursos), más está haciendo *marketing* para la empresa mayor (de consultoría). Es un simple *hack* que te permite romper el círculo vicioso de la tensión.

Estaba claro: en lugar de que las fuerzas de la rentabilidad y del crecimiento se alejaran y crearan esta tensión, logramos que se **acercaran** para crear un *marketing* que generara dinero por sí solo y esto, a la vez, nos representara un crecimiento importante.

Así, mis socios y yo quedamos en reinvertir el cien por ciento de los ingresos de los cursos en los cursos mismos. Eso trajo y sigue trayendo muchos más negocios que el que hacen y harían por su cuenta. De nuevo: crecimiento. **Crecimiento rentable**. ¿Entiendes por dónde va esto?

De vendedores a socios

Pero no nos detuvimos ahí. Nuestro crecimiento tenía que ser exponencial. Estarás de acuerdo en que, para seguir creciendo, necesitas a alguien que te venda, pero ¿cómo conseguir vendedores de perfil alto sin inversión inicial? (¿Te acuerdas de que hablé de operar con utilidad cero?) En nuestro caso, si conseguíamos vendedores bien pagados, éstos nos iban a exigir una inversión fuerte y sí, seguramente traerían crecimiento a la empresa, pero no rentabilidad. De nuevo, sería irnos por una sola de las fuerzas y olvidarnos un poco o mucho de la otra.

Fue ahí cuando surgió la idea ya famosa de los socios de crecimiento —la vas a ver en una mentira más adelante, en la séptima—. Decidimos que nuestros vendedores serían socios comerciales en diferentes áreas geográficas. Tendrían **nuestro apoyo y *know-how*,** pero serían ellos, de forma autónoma, los que se encargarían de vender la marca para que ambos ganáramos. Es obvio que si encuentras a personas que te ayuden a crecer y que no requieren de inversión (sueldos, prestaciones), entonces habrás hallado **el balance entre rentabilidad y crecimiento**.

En el momento en que encuentres una solución innovadora que conjugue rentabilidad y crecimiento, tendrás una fórmula del éxito.

Ya sabes: a mí me interesa el juego de buscar **soluciones alternativas** que rompan el vicio.

Growth hacking

El concepto de *growth hacking* se refiere a una estrategia de crecimiento que se vale de la creatividad, de la innovación y originalidad para lograr posicionar una marca o una empresa. Ésta se posiciona a través de la exposición en las redes sociales, a partir de la generación de contenido viral o reacciones virales y en cadena.

Un ejemplo que siempre me viene a la mente es el de Dropbox, la empresa dedicada a ofrecer servicio de almacenamiento en la nube. Ellos usaron un *hack* bastante sencillo para crecer, que no era rentable al principio, pero que les evitaba la labor de venta. ¿Recuerdas la iniciativa de referidos? Si invitabas a alguien a abrir una cuenta con ellos, Dropbox te aumentaba la capacidad de almacenamiento de tu nube. ¿Cuántos lo hicieron? La compañía no invirtió en publicidad y creció exponencialmente.

¿Entiendes cómo es posible lograr el acercamiento entre ambas tensiones? No es necesario elegir al cien. Puedes elegir uno valiéndote del otro y viceversa.

> Tener la claridad para identificar tus objetivos de esta tensión y posteriormente buscar estrategias creativas de complemento es lo que hace a un gran emprendedor. Únicamente conocer que existen estos dos objetivos no te lleva a nada.

2) Hoy vs. mañana

Ésta es la segunda de las tres tensiones. Por supuesto, habrá quien diga que si piensas en el futuro, desperdicias el hoy. O existen aquellos (muchos) que piden vivir siempre en el presente. Vive el momento y esas pavadas. A todos ellos les digo: "YO VIVO EN EL FUTURO".

> "Una de las cosas más complicadas en una empresa es conseguir un buen balance entre aquello que necesitas que se haga ahora y lo que necesitas lograr el día de mañana."
> Alexander Taub

En cualquier empresa "de hoy" es necesario ejecutar varias acciones para que siga funcionando, para que no se caiga. Eso me queda claro. Pero también entiendo que éstas no son las mismas acciones necesarias para la compañía "del mañana". Es una disyuntiva más.

Si buscas crecer (y es por eso por lo que tienes este libro en tus manos), **es imposible que pienses más en el hoy que el mañana**. No puedes. El crecimiento *es* mañana. De hecho, hace tiempo esa revelación me dijo bastante. Cuando descubrí, o más bien entendí, la importancia del futuro en el crecimiento de una empresa, fue que me declaré CFO (*Chief Future Officer*) en 4S Real Estate. La verdad es que nadie sabía qué significaba, ni yo mismo lo tenía claro, pero lo aprendí conforme ejercía ese extraño puesto del futuro. Pero la creación de esa posición partió de esta necesidad de ver hacia el futuro que siempre me ha caracterizado[5] y por la idea de entender que **el crecimiento está adelante**, no "aquí y ahora".

Por eso, siempre repito la idea que me dieron mis mentores: **el 50% o más de tu tiempo debe enfocarse en tu empresa del futuro**. Ahora, muchos piensan que eso pareciera un equivalente a fantasear, soñar despierto, imaginar cosas sin sentido.

> "La imaginación es la que nos ha traído de la oscuridad al presente."[6]
> Frank Baum

Y no. Ésa es, de hecho, otra de las mentiras que te han contado. Imaginar, como dijo el autor de *El mago de Oz*, nos saca de la oscuridad.

Idear el negocio del futuro es trabajo. Sin embargo, sí tienes que preguntarte qué estás haciendo cuando piensan en el negocio del mañana. Pensar en el mañana es el trabajo del hoy. Existen muchas acciones (tareas, trabajo) que entran en esta categoría de "qué estás haciendo hoy para el mañana", pero la más importante de todas es la **experimentación**. Esta labor se convierte en una tensión más dentro de la segunda tensión.

---

[5] Te van a meter un chip. https://www.facebook.com/c4rlosmunoz/videos/544365219318345/.

[6] Imaginar o morir. https://www.facebook.com/c4rlosmunoz/videos/344934709440198/.

Toys "R" Us

Hace más de 20 años, a inicios de la década de 1990, cuando el fenómeno de internet era apenas una chispa minúscula a la que muy pocos prestaban atención, el mandón en el mundo de venta de juguetes en Estados Unidos se llamaba Toys "R" Us. La tienda estaba en todos lados, era más que un gigante. Sí, todo iba a toda madre.

Por supuesto, en aquel entonces ellos vieron el fenómeno del internet como algo que podría crecer, pero tampoco imaginaban hasta dónde. Sin embargo, como no quisieron dejar descubierta esa área, prefirieron dejarle el trabajo a un *outsourcer*: Amazon. Claro, la misma Amazon que ya conoces. Firmaron un contrato y se olvidaron del asunto. Terminado su contrato, por supuesto, no volvieron a firmar, y el resto de la historia ya la conoces. Amazon aprendió del negocio de juguetes y borró del mapa a Toys "R" Us. (Por ahí hice un video en una de las últimas tiendas que quedaban justo antes de cerrar.[7] Muy triste para mí porque era un lugar que recordaba de mi infancia.)

En su momento aquello no era ilógico, no era tan absurdo. Vivían en el presente y lo ejecutaban de maravilla. El problema es que la empresa no tenía a nadie pensando en el futuro y en lo que podía pasar con esa cosa rara llamada internet. Así que lo tomaron por lo que era en ese presente: una insignificancia.

La empresa, como sabes, quebró.

---

[7] Para más información sobre el tema, te sugiero buscar en mi canal de YouTube el video "No sigas a Toys 'R' Us", https://www.youtube.com/watch?v=ty7zvHwM0MM.

Chief Future Officer

Visto todo lo anterior, es tan importante la figura del oficial del futuro que es necesario enseñarte cuáles son sus labores.

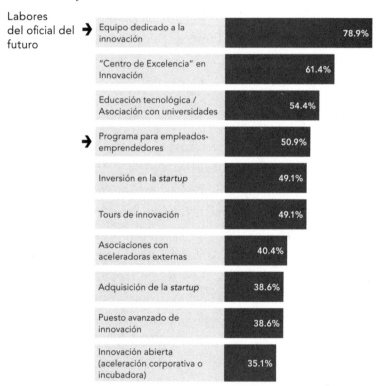

Labores del oficial del → futuro

Si atiendes a los porcentajes de las empresas que incluyen alguna o todas las labores en su operación del mañana, vas a darte cuenta de la importancia del puesto o los puestos que trabajen el futuro de tu negocio. Las flechas en la imagen de arriba marcan las que fueron mis responsabilidades, mi trabajo, en 4S Real Estate.

Déjame dejarte clara la labor del oficial del futuro: **detectar oportunidades (a través de la experimentación) y casarlas**

con los líderes y la estructura correcta para que despeguen.

En ese sentido, el oficial del futuro vive siempre viendo oportunidades de negocio que parecen interesantes y creando estructuras para ello. Fue ahí donde surgió la herramienta más importante para este tema: el **organigrama del futuro**.[8] Empecé a diseñar puestos, extraer ramas de otros, y, en resumen, a verlos operar en una bola de cristal. El problema era que no había necesariamente gente que se dedicara a algunos de esos puestos y, por otro, que no teníamos dinero para traer a tanta gente.

Cuando ya tienes clara la visión a futuro y la estructura que requieres, entonces aparece la tensión. ¿Le apuestas al mañana sacrificando los resultados de hoy? ¿Mejor te quedas quieto en el negocio en el que estás, logrando resultados, pero sabiendo que estás en riesgo por los competidores de mañana? Cuando finalmente tomamos conciencia de esto fue que decidimos crear otro de esos *hacks* prácticos de los que te hablo.

Nuestra solución fue la siguiente: encontrar una manera de operar con una empresa del mañana, pero atándola a costos de hoy. ¿Cómo se logra? Necesitábamos un equipo de trabajo con costos por debajo del mercado para poder operar con la estructura que queríamos. La solución fue crear un programa de jóvenes en entrenamiento (*trainees*) que estuvieran aún en la universidad. Esto nos permitió crear nuestra **empresa del futuro**. Así fue como conseguí los primeros 35 practicantes y llené todos los puestos que tenía imaginados para prepararme

[8] Para saber más sobre el organigrama del futuro, te sugiero visitar https://www.facebook.com/c4rlosmunoz/videos/703918986690703/.

para el futuro. Y esa práctica hoy se repite en 4S Real Estate cada seis meses. Cada seis meses llega un grupo listo para escribir el futuro.

Logramos vivir en el futuro con los pies bien plantados en el hoy.

En ocasiones el futuro no es tan fácil como abrir algunas áreas nuevas y hacer crecimientos marginales. A veces significa algo más fuerte que eso. En esos momentos es cuando debes volver a analizar tu posición con esta tensión: ¿dónde te quieres ver: en el hoy o en el mañana? Cuando logramos que mi socio Nacho tomara la dirección general de 4S Real Estate, yo tenía que dar un paso nuevo que justificara mi tiempo. Un paso enorme que abriera una oportunidad más grande en el largo plazo. Así fue como fundé i11 Digital, la empresa del futuro de 4S, que muchos de ustedes conocen como mi empresa actual.

3) Todo *vs.* las partes

> "Un problema al que se enfrentan todas las empresas es que su núcleo corporativo quiere que todas sus unidades sean iguales, cuando cada una busca ser diferente."
> Campbell

Campbell dice que existen **dos tipos de procesos** en cualquier empresa: de **núcleo** y de **contexto**. Los primeros son aquellos que aparecen en todas las empresas, sin importar su giro; es decir, son actividades que pueden centralizarse: recursos humanos, por ejemplo, pues todas lo necesitan.

Los de contexto trabajan en una sección o área específica. Son sus divisiones y ésas podrán ser diferentes en cada una. Pero ¿qué pasa si se separa una división de una compañía?

Es muy difícil cuando una empresa, como un todo, tira para un lado en particular y cada una de sus partes o divisiones tiran para el lado opuesto. Imaginémoslo como un gran centro de gravedad (un planeta más grande) y luego un montón de planetas de menor tamaño con sus propios centros, por lo que no comparten objetivos o se contraponen. Si esto sucede en una empresa, ¿se le da prioridad al centro o se debe ceder a una división en específico?

Voy a repetir la misma idea: **lo que quiero que suceda al decirte las verdades de este libro es que crezcas de manera exponencial**. Tienes que cuestionarte verdaderamente dónde debieran estar tus esfuerzos. Te mienten al decir que priorices el negocio central, que cada una de las partes debe seguir siempre y para siempre al núcleo. Pero la verdad es que las partes son importantísimas. De nuevo, otro de esos dilemas imposibles de resolver en la teoría al vacío que te dan en las escuelas.

Piensa en un pulpo. Tu empresa central es un pulpo poderoso que funciona y la rompe gracias a sus muchos tentáculos que has ido creando y fortaleciendo para que operen como fuerzas independientes, con cerebros propios (los pulpos tienen más de uno). Cuando le cortas uno de los tentáculos al pulpo y lo dejas que opere por su cuenta, ¿cómo le irá? En ocasiones hace sentido una sola organización central. En otras, es preferible despedazar tu compañía en partes más pequeñas.

No te preocupes por el gran pulpo, porque éste tiene todavía muchos tentáculos y le irá creando más. Y si le cortas todos y todos se vuelven pulpos, no hay problema. Dio lo que tenía que dar.

Pondré el ejemplo del Instituto 11 (i11), que era una división de 4S Real Estate. El problema (que en realidad nunca debió serlo) es que llegó a generarse tanta tensión con los procesos de la compañía principal que lo mejor fue separar al Instituto, que era la división que se encargaba de la educación, de la generación de valor a través de contenido educacional. De hecho, cuando eso sucedió, cuando nos separamos, la división comenzó a generar el doble de lo que generaba hasta ese momento.

El dilema del todo contra las partes requiere que precises mucho cómo quieres medir el crecimiento y cómo quieres medir a tus líderes. En una de las mentiras posteriores (en la sexta más precisamente) detallaré mucho de lo que hemos hecho para lograr el *accountability*[9] *en cada una de las divisiones que hemos creado.*

En el caso de esta tensión, nosotros hemos llegado al punto de tener líderes de división que reportan resultados de unidades de negocio independientes y, por otro lado, los directores corporativos que velan por el todo y toman las decisiones macro. Si tu estructura aún no tiene tantos líderes para ver ambos objetivos, debes preguntarte bien cómo salir de esa tensión o justificar bien el camino que estás eligiendo.

---

[9] Prefiero usar este término en inglés porque hasta ahora no encuentro una palabra en español que lo defina y le dé la misma fuerza, pero sería "responsabilidad", "compromiso". Se debe llegar a un punto en que los líderes sean verdaderamente responsables de sus resultados financieros. Ya lo veremos de nuevo en la sexta mentira.

El quid de la verdad

*La estrategia de las tres tensiones de Dodd y Favaro me ayudó
bastante a revolucionar los pasos de crecimiento 4S Real Estate,
mi negocio anterior. Lo que hice con lo que aprendí en su libro fue
absorberlo, mejorarlo (y adecuarlo a mi contexto) e implementar-
lo. Los autores parten de un ejemplo, que es el del comúnmente
llamado "hombre de las cavernas". Este hombre vivía en cuevas
principalmente para protegerse de los elementos, del frío, luego de
la lluvia. Sin embargo, vivir en cuevas acarreaba un problema muy
básico: en esos lugares no entra la luz. Gran encrucijada: ¿afuera
o adentro?*

*Siento que que así viven los emprendedores de hoy. Aprenden
que el frío es malo y que hay que protegerse de él. Después aprenden lo que es la luz y la buscan. Luego se dan cuenta de que ambas
cosas no pueden convivir en un mismo lugar, hasta que conocen el
vidrio o la luz eléctrica. Ésa es la mentalidad que no te dan en la
escuela.*

¿Frío o calor?

*Ahora, y desde hace muchos años, tenemos el vidrio (en las ven-
tanas), que nos permite recibir luz natural mientras nos refugiamos
de los elementos en un lugar cerrado. Eso incluso sin la necesidad de
la luz eléctrica. Ésta una de las metáforas que usan Dodd y Favaro
para arrancar con su estrategia, pues sirve para explicarnos el conflicto de los deseos contradictorios. Por eso dicen que "todos los líderes y todas las compañías enfrentan constantemente el problema de
cómo avanzar al mismo tiempo hacia objetivos que aparentemente
se contraponen".*

El problema no es volverse más rentable o incrementar los ingresos, sino ser conscientes de la complejidad de ambos objetivos y ser creativo en soluciones que se inclinen hacia donde los líderes quieran llevar a la organización.

No se trata de elegir sin pensar. Lo que te han dicho en las escuelas de negocios, mentiras, por supuesto, es que existen varios objetivos independientes en el universo de los negocios. Te han dicho que cada objetivo (ideas y conceptos) es independiente y que es posible visitarlos todos. Nunca te explican, nunca te dicen que cada uno cuenta con un centro de gravedad propio y que muchas veces estas ideas se contraponen o te jalan cada una para su lado, obligándote a dejar u olvidarte del primero.

Ahora, de entre los objetivos, existen tres pares principales: crecimiento vs. rentabilidad; hoy vs. Mañana, y todo vs. sus partes. Todos en algún momento nos hemos enfrentado a cada una de estas parejas que, por sus fuerzas opuestas, generan una tensión en nuestro negocio.

Lo que yo te digo, porque lo he logrado, es que es posible balancear, resolver las fuerzas opuestas, las tensiones que se generan. Es posible ir a un lado sin olvidarte del otro, lograr que las fuerzas, que sus centros de gravedad, en lugar de jalarte para uno u otro lado, se acerquen y así, con estrategias innovadoras, puedas visitar todos los planetas y obtener lo mejor de cada uno.

No es necesario elegir, aunque a veces podrías hacerlo. Si lo haces, puedes ir a un lado sin olvidarte de su opuesto, pero será tu trabajo idear la mejor manera de hacerlo.

La quinta mentira:

Hay mucho desempleo en el mundo,
así que cuando necesites un equipo de
trabajo bastará con salir a buscarlo

La verdad: El mercado de talento es más competitivo que el de clientes

¿Cuál es la tasa de desempleo de tu país? Para gran parte de los medios de comunicación, en la mayoría de los países, la cifra siempre será alarmante. Pero yo no hablo de un número en específico, sino de una percepción que se ha creado sobre el mercado laboral.

Si atendemos a esta idea, ya que hay tantísima gente desempleada, si un emprendedor publica alguna vacante aparecerán en su puerta, por arte de magia, cientos de individuos magníficamente preparados por el sistema educativo del país en cuestión, listos para echar a volar su sueño. Según los medios y la idea generalizada, armar el equipo de trabajo es una labor tan sencilla que con principios básicos de reclutamiento se logra.

Lo "mejor" de esta mentira es cuando llegan los candidatos, posibles contrataciones "estratégicas" en la vida de un emprendedor. El ciclo es así: primero, publica una vacante, luego, espera unos días para ver la respuesta: decenas de currículums que nada tienen que ver con lo que necesita el empleador, y una sensación horrible de que ahora tendrá que hacer el doble de trabajo porque falló en encontrar a esa persona. Cada vez que llega el momento de reclutar, éste se vuelve un terror para una empresa en crecimiento.

Voy a contarte una historia de cuando mi empresa de consultoría comenzó de verdad a crecer. Luego de un tiempo de crecimiento sostenido, llegó el momento de reclutar a nuestros primeros talentos y, confiados, publicamos vacantes en diferentes medios. Una de ellas era para consultor, un puesto muy aspiracional (o eso creía en ese entonces). Yo juraba que atraeríamos al mejor talento, que nos llegaría una marabunta de candidatos, que formarían una fila larguísima dentro de la cual seguro encontraríamos a un *crack*, el talento emergente, el siguiente líder organizacional, el empleado perfecto. Sin embargo, la marabunta fue de unos cuantos. La fila no fue tan larga. Una semana después de la publicación de esa vacante, redujimos la decisión a dos currículums finalistas, dos futuras estrellas: una maestra de *spinning* y un jefe de un taller mecánico. Sí, como lo lees, eso era lo más rescatable que habíamos encontrado. Nuestro consultor sería uno de los dos: una mujer bastante *fit* o un tipo *hands on*. Mi socio y yo no entendíamos nada, pero el trabajo seguía acumulándose cada día. Teníamos que tomar una decisión. Contratamos a la maestra de *spinning* porque sentimos que mostró un poco más de carisma que el jefe de taller. Imagina el reto de convertir a una maestra de *spinning* en consultora en crecimiento de la empresa en cuestión de días. De milagro el resultado fue bueno, pero la realidad es que eran apuestas de talento muy arriesgadas.

Como esos reclutamientos estaban lejísimos de ser los ideales, mis socios y yo (luego sumamos un tercer socio) tuvimos que subsidiar muchos años a nuestra gente, trabajando semanas de 80 horas para poder compensar las incapacidades de nuestro equipo. **Éste es el terror de la búsqueda y atracción de talento.**

Antes de hablar sobre cómo resolver este problema, déjame aclarar cómo debes pensar si estás buscando el crecimiento exponencial de tu organización: **cada persona que contrates debe ser tan buena que te sentirías cómodo trabajando para ella.**

Ahora hablemos un poco del terror del talento.

Cuando hablo del tema de la atracción de talento siempre pienso en la historia de David *vs.* Goliat. Todos los negocios que arrancan de cero, como emprendimientos, suelen entrar a una industria en la que ya existe un jugador con experiencia, el grande. Así que no importa cuál sea la inversión inicial, el nuevo emprendimiento siempre será el **pequeño peleando contra monstruos** bien afincados y con poder, según el lugar y la situación. Esas empresas ya consolidadas pueden pagar mejores sueldos y ofrecer mejores beneficios que las empresas en crecimiento. De ahí que sean ellas las que atraigan a esos *cracks* y que batallen poco o nada para convencerlos. ¿Qué hacer entonces para atraer talento cuando recién comienzas? Cuando se trata de talento, el reto es hacer que David le dé un buen golpe a Goliat. Como en esta historia y porque tienes este libro en las manos eres David, ¿cuál crees que es la piedra en tu honda para golpearlo en la cabeza, sacarlo de balance y hacerte notar? Ya lo veremos.

¿Cómo vas a conseguir ese talento que haga despegar a tu emprendimiento?

No sólo es cosa de tamaño. También es verdad que las nuevas empresas no entienden cómo atraer talento y, cuando lo hacen, por lo general se quedan en que la única manera es a través de la compensación, es decir: ¿cuánto le voy a pagar al empleado potencial? ¡Mentira! Una más. Lo risible es que al subir los sueldos, la productividad de la empresa suele caer. Claro, yo hablo de los sueldos de los puestos de liderazgo, los que buscas para generar el crecimiento en tu empresa.

> Conquistar los mercados de talento no
> es un asunto de sueldos.

La era en la que estamos requiere que entiendas lo competido que está el mercado de talento. Estamos en una era en la que los mercados de talento son bastante difíciles, a veces más difíciles que los mercados de clientes. **Más complicado será hallar un buen empleado que un buen cliente**. En ese sentido, se requiere de una visión profunda que otorgue valor para el empleado.

El éxito de la empresa en el mercado de talento se logra con su propuesta de valor al empleado (EVP, por sus siglas en inglés, *employee value proposition*).

$$CVP < EVP$$

Customer value proposition   Employee value proposition

Lo que acabas de leer no es un error de impresión. De verdad considero que la propuesta de valor al empleado es más importante que la propuesta de valor a clientes. Vas a pensar que es un absurdo, pero por eso estoy aquí escribiendo este libro. Te explico: en el crecimiento de una empresa —proceso que he vivido en múltiples ocasiones— es fácil conseguir un espacio en el mercado al inicio si entiendes el juego de la experimentación (del que hablaremos en varias mentiras). Ya que abres ese espacio en el mercado vendrá el verdadero reto para ti: servirle al mercado al nivel de competitividad que requiere. Esto sólo lo lograrás rápido si armas un equipo de trabajo extraordinario. Un equipo te permitirá crecer, no tenerlo significará la muerte.

Ésta es la primera parte de la verdad: **la EVP te permitirá atraer talento extraordinario con los costos que puedas pagar durante tu periodo inicial de crecimiento.**

La segunda parte tiene que ver con la cultura. La EVP es la parte que se ve en el exterior de la cultura, pero ésta va mucho más allá. La cultura de tu empresa se compone de toda la serie de protocolos, rituales, valores, tradiciones y formas de colaborar que se viven de manera interna. **La cultura es el secreto para retener el talento.**

La tercera parte tiene que ver con cómo se materializa la cultura en la organización, en la puesta en práctica. La mayoría de la gente que vive en el pasado (o en la mentira y mentiras de las escuelas de negocios, para efectos de este libro) cree que la cultura permea y llega a todos en cascada: el líder supremo la vierte sobre la organización. ¡Nada más alejado de la realidad! La cultura se nota en la forma en que operan los equipos de trabajo dentro de la empresa. El secreto está en contar con colaboradores comprometidos.

Por tanto, la columna vertebral de esta verdad sería:

EQUIPOS → CULTURA → EVP

Con este diagrama te quiero dejar bien claro que no se trata de venderle espejitos a la gente. No se trata de hacer una gran campaña de publicidad que muestre un EVP falso sólo por ganas de atraer la atención del mercado de talento.

El secreto está en, de verdad, cambiar la forma de trabajo de los equipos, para de ahí crear una cultura diferente que después pueda ser comunicada y se convierta en la fuente inagotable de talento extraordinario. Ésa es la nueva verdad.

¿Por qué es estratégica esta verdad?

En alguna ocasión me tocó ver en una entrevista a Larry Page y Sergey Brin, de Google. El entrevistador les preguntó quién era el empleado más importante de la empresa. Yo juré que iban a responder dando el nombre de algún genio en sistemas que encabezaba su equipo de tecnología. Su respuesta fue: el director de talento. "Con el crecimiento que experimentamos, es bastante complejo atraer el talento que requerimos", dijeron. Me quedé helado. Esa entrevista fue parte del proceso que seguí para entender las profundidades del tema de talento y llegar a la conclusión de que está subvalorado en las escuelas de negocio.

Las escuelas tradicionales tratan al recurso humano como un ingrediente muerto que se puede adquirir en el mercado. Me falta un ingeniero, busco uno en LinkedIn, pues los hay de todo tipo. Necesito un diseñador, sobran en la red.

Viven, como muchos, en el error. **La realidad es que el activo más importante del crecimiento exponencial es el talento.** No hay otra forma de verlo. Muchas de las ideas, proyectos e iniciativas que han permitido el crecimiento de mis organizaciones han provenido de los líderes que ahí colaboran (no han sido mías). Espero que esto, mi experiencia y la de otros, te ayude a entender que es falsa la idea de que existe un "*crack* de los negocios" que todo lo puede. **Los negocios son un deporte muy competitivo y de equipo.**

La EVP resultante de una gran cultura es el secreto estratégico de las empresas de crecimiento exponencial.

Luego de haber leído los párrafos anteriores, tú verás este capítulo como algo obvio, dándolo por sentado. Sin embargo, ahora que puedo decir que he recorrido Latinoamérica hablando con emprendedores (y sigo haciéndolo), afirmo que **el talento es el tema más abandonado.** La mayoría de los líderes viven solos, en microorganizaciones que han contratado a muchos empleados, pero a ningún líder. El reto de entender esta verdad es empezar a tejer una organización que se caracterice por atraer y retener liderazgo y talento del mercado laboral.

¿QUÉ NECESITAS PARA REGIR TU EMPRESA POR ESTA VERDAD?

Te voy a llevar de la mano en la reflexión que me ayudó a mí a crear mi propia cultura dentro de las diferentes organizaciones que he creado.

Como dije antes, todo se gesta cuando apenas eres una empresa pequeña y sólo cuentas con un equipo de trabajo acotado. En ese momento, aunque pareciera que es insignificante lo que está pasando, en realidad se está escribiendo el código genético de colaboración del equipo que determinará qué aspiraciones tiene la empresa y si éstas de verdad son diferentes a las demás.

¿Cómo escuchas la opinión de tu gente? ¿Cómo llevas las juntas de trabajo? ¿Qué sucede que es diferente a cualquier otra empresa? Código genético. Voy a explicártelo con un par de ejemplos.

Hace unos años, en pleno momento de crecimiento de mi empresa de consultoría (quizá el más intenso y gratificante), mi equipo de trabajo decidió eliminar mi oficina, mi espacio físico, mis cuatro paredes, para darles lugar a dos nuevas contrataciones. Ojo con la oración anterior: **mi equipo lo decidió**. ¡No yo! Para cualquier dueño de empresa parte de la vieja escuela, eso hubiera sido una calamidad, un acto de audacia inaudito, porque, ¿cómo piensa alguien quitarle la oficina al "patrón"? Para mí fue algo digno de aplaudirse, porque mi gente ya estaba tomando decisiones e iniciativas propias. A partir de ese día decidí que una de mis políticas sería que, en ninguna de mis empresas, yo tendría oficina.

¿Cómo implemento esta política?

En i11 Digital, por ejemplo, no existen los lugares asignados. Si trabajas conmigo, cada semana te tocará sentarte en un lugar diferente. Tenemos mesas de tres a cuatro personas y, cuando estoy en la oficina, a veces me acomodo codo a codo con alguno de nuestros practicantes. Esto manda un mensaje poderosísimo a la organización: aquí no hay jerarquías.

Te pongo otro ejemplo: si me sigues en redes sociales —sobre todo en Instagram— te darás cuenta de que mis mejores horas de trabajo son de noche. No sé por qué, pero siempre me he sentido más cómodo y más concentrado alrededor de la media noche. Eso hace que para mí los horarios en la mañana sean demasiado frustrantes. Por lo mismo, y para ser congruente con mi forma de trabajo, decidí eliminar los horarios en la oficina. Imagínate eso: trabajar en una empresa en donde literalmente el horario lo defines tú. Cuando le platiqué esta idea a un par de amigos, me tacharon de loco, me dijeron que no funcionaría y que en tres meses ya estaríamos montados en una estructura tradicional. Bueno, llevamos ya más de un año trabajando así en i11 Digital y ha funcionado de maravilla.

Algunos lunes por la mañana llego y encuentro la oficina vacía. Sillas, escritorios, áreas de descanso. Todo desierto. Con esta imagen cualquiera creería que todo está a punto de derrumbarse; sin embargo, llego un jueves a la medianoche y veo a todos ocupados. Ahí es cuando se entiende la magia de ese lugar. Todos esos rituales, procesos, maneras de trabajar y colaborar hacen la diferencia.

Antes de pensar en qué y cómo quieres comunicarle tu genética al mercado de talento, lo primero que te pido es que analices bien el método de trabajo de tus equipos. ¿Qué hace diferente a tu empresa del resto del mundo?

En el libro *Trillion Dollar Coach*, Eric Schmidt,[1] CEO de Google, cuenta la historia de Bill Campbell, uno de los mejores *coaches* de negocios del mundo. Un *coach* que, de hecho, jugó y

---

[1] Eric Schmidt, Jonathan Rosenberg y Alan Eagle HarperBusiness, Nueva York, 2019.

entrenó futbol americano y que ayudó a generar una cantidad inmensa de valor en Silicon Valley. Todo ello a partir de su filosofía, basado en el trabajo en equipo, en tratar los puestos como meras etiquetas, en darle importancia a la gente (a su gente), en las relaciones, en ubicar a cada jugador en el puesto adecuado y en donde mejor se desempeñara (aquí mucho tiene que ver el escuchar), entre otros aspectos.

Este *coach* era tan talentoso que llegó a trabajar con Steve Jobs y con los cofundadores de Google al mismo tiempo. Ese libro habla de cómo se vivían las juntas iniciales en Google. Todos los lunes, a la una de la tarde, se celebraba una junta de *staff*. La junta iniciaba con una ronda de historias personales del fin de semana. No lo hacían sólo para abrir la conversación, sino porque era importante que todos se conocieran a nivel personal y eso se motivó desde el inicio. Otro ritual importante de esa junta era la posibilidad de presentar iniciativas nuevas para la empresa. Si la iniciativa de alguien se aprobaba, esta persona podía pasar hasta 20% de su tiempo laboral desarrollándola. Esto luego hizo famosa la regla 70/20/10 de Google,[2] que es la parte más reconocida de su EVP. Pero lo interesante es lo que sucedió en sus inicios: los equipos estaban metidos en algo más que en las operaciones de la empresa, en silencio, estaban escribiendo el código genético de la empresa mientras trabajaban.

Ahí tienes una serie de principios para una EVP y una manera de crear y luego explotar la cultura de una empresa.

---

[2] Esta regla de Google consistiría básicamente en destinar 70% de tu tiempo laboral a las ideas que ya funcionan; dedicar 20% a desarrollar ideas que no requieran gran inversión, y el 10% restante a arriesgarse con las propuestas que pueden o no ser revolucionarias.

MODELOS TÉCNICOS DE LA VERDAD

Cuando pienses en este proceso de desarrollo de cultura (que parte de los equipos y que se comunicará como EVP) necesito que trabajes en tres ángulos diferentes. La visión que yo tengo del talento implica: **generar crecimiento personal para tu gente, crear la cultura colaborativa diferenciada que envuelva todos los procesos de trabajo y, por último, un esquema de compensaciones que acompañe ambos procesos.**

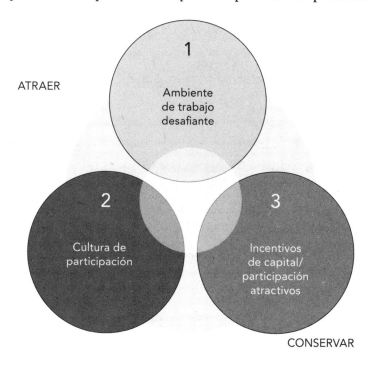

ATRAER

1 Ambiente de trabajo desafiante

2 Cultura de participación

3 Incentivos de capital/ participación atractivos

CONSERVAR

Es importante que el talento recién llegado a tu empresa sienta que las responsabilidades que desempeñará lo **desafíen** y lo **muevan**, que lo **motiven** a superarse a sí mismo, que conozca sus límites y aprenda de sí mismo. Para cualquier persona, un desafío representa una oportunidad. Sobre todo, de ser mejor. La cultura que envuelva a la empresa dependerá de cómo trabajes y de los objetivos, metas y maneras de trabajar que propongas. Cualquier persona parte de una empresa debe sentir el ánimo de llegar todos los días a su lugar de trabajo. El esquema de compensación motivante no se trata sólo de pagar más, sino de ofrecer también algo interesante. Pero sobre esto leerás más adelante. Como te dije, la propuesta de valor va mucho más allá de cómo o cuánto le pagas a la gente. Eso es demasiado simplista.

Veamos ahora los tres ángulos de mi visión del talento:

1) Crecimiento personal para tu gente

Éste es un gran tema para mí, incluso forma parte de mi filosofía de vida. Yo les insisto a quienes me siguen que "felicidad es igual a crecimiento" y, por lo tanto, todos debemos crecer. Hay una frase que me caracteriza, la cual escribí hace muchos años y que llevo como uno de mis lemas: "Aún no eres quien vas a llegar a ser".[3] Esta frase es un símbolo de la forma como veo la conexión entre crecimiento y felicidad. Creo que es responsabilidad de la empresa generar ese crecimiento para su gente. Esto quiere decir, por supuesto, un crecimiento organizacional (estar cambiando de puesto), pero también crecimiento intelectual (aprendizaje), así como personal y físico. Una empresa que se preocupe por el crecimiento integral de su talento se convierte en mucho más que un lugar de trabajo.

---

[3] Busca mi video "Aún no eres quien vas a llegar a ser" en mi canal de YouTube.

Como parte de los procesos de crecimiento personal, en las posiciones de liderazgo, es importante crear un plan educativo para periodos de dos a tres años. En este nuevo mundo con tantos recursos educativos, hacer la curaduría y seguimiento de éstos se vuelve extremadamente valioso. El diseño de un plan educativo personalizado para tus líderes es de extremo valor en su crecimiento.

De hecho, eso formará parte de tu EVP. Según el reporte de hace un par de años de la consultora internacional Gallup,[4] los *millennials* buscan trabajos que les ofrezcan oportunidades de desarrollo, de aprendizaje, y en donde puedan emparse de conocimientos. Según el reporte, 59% de los encuestados buscaba eso, contra cifras cercanas al 40% en trabajadores de la generación X y de los *baby boomers*. Y la cifra va en aumento.

Con eso en mente, otra propuesta para tus empleados es la de **ofrecerles futuro**. Yo trabajé y me capacité como CFO (*Chief Future Officer*). Lo hice con la idea de aprender a ver hacia dónde va y dónde estará una empresa en los años siguientes. Así, es posible determinar trabajos, puestos y responsabilidades en tiempos por venir y darles ese puesto a los jóvenes. OJO: cuando hablo de jóvenes, hablo incluso de **practicantes**, de estudiantes todavía. Ahí está la clave.

Al abrir un puesto con una promesa, con un talento en ciernes para que desempeñe un trabajo importante y a futuro, al menos al principio estarás abaratando la **experimentación organizacional**. El mundo que estamos enfrentando hoy es tan difícil de navegar que la única competencia verdaderamente

---

[4] Para más información sobre el tema, te sugiero visitar www.gallup.com.

importante es la capacidad de experimentar. Cuando digo experimentar, hablo de probar nuevas formas de hacer las cosas, nuevos productos o servicios, nuevas maneras de comunicar, **todo nuevo**. Al ofrecer futuro a tu gente lo que estás diciendo es que hay posibilidades de experimentar con labores nuevas. Si ellos tienen el talento requerido y el diseño del puesto es el correcto, entonces te aseguro buenos resultados. Normalmente este proceso (además de la variabilización de sueldos de la que hablaremos en la siguiente mentira) permite que los líderes generen ingresos para la organización que cómodamente cubran sus sueldos.

2) Cultura colaborativa diferenciada

Te has preguntado: ¿Qué hace diferente a tu forma de trabajar? ¿Cómo se llevan los empleados? ¿Quién toma las decisiones en una junta? ¿Cuáles son las reglas no escritas de trabajo de tu empresa? ¿A todos se les permite hablar en juntas? ¿Hay un código de etiqueta? ¿Se mantiene la limpieza en la oficina? ¿Se permite el juego durante las horas de trabajo en la oficina? ¿Permites cervezas y entretenimiento en algún momento del día? ¿Cómo se piden los días de vacaciones? ¿Cómo se mide a la gente?

De estas preguntas hay cientos que te puedes hacer. Son innumerables. Lo que quiero que te quede claro es que dentro de tu organización se hacen las cosas diferentes. Hay algo que la distingue. Y lo debes cuidar muchísimo. Cuando las empresas crecen tienden a olvidar esos detalles que las hacen una familia única. Cuando conservas esa unicidad y la transmites a tu equipo sin importar cuán grande que sea éste y cuánto haya crecido la compañía, ahí aparece la famosa "cultura de trabajo". Hay una frase muy poderosa en inglés que dice "culture eats strategy for lunch", lo que significa que cuando existe cultura, ésta puede ser aún más importante que la estrategia.

Muchas veces sabemos que esta cultura existe, pero no la hemos documentado o no la tenemos clara. Te hago una recomendación en este punto: redacta un manifiesto de la compañía y hazlo visible todo el tiempo. Así, siempre estará claro que esa empresa no tiene comparación en el mercado.

3) Compensaciones y prestaciones económicas

También hay que entender que la gente trabaja para llevar dinero a su casa y, por ende, la compensación es la tercera parte de esta ecuación. **Compensación** se refiere a todas las retribuciones económicas medibles en forma de sueldos, bonos, acciones y prestaciones que se entregan al empleado por su tiempo en la empresa.

Todo lo que sea medible en dinero cae en esta categoría. Es fundamental también que haya creatividad en tu estrategia de compensación.

Muchas veces las empresas pequeñas no pueden competir en forma de compensación tradicional. Es por esto por lo que hablo incansablemente de la importancia de variabilizar sueldos.

Recalco que si tu empresa es pequeña, más te vale pensar en algo revolucionario que cautive a tus empleados potenciales en los tres ángulos, porque de otra forma no llegará el talento correcto a tu organización.

Reclutamiento pasivo

Antes de cerrar esta verdad, tengo que hacerte una aclaración importante. No quiero hablar sobre el proceso táctico de cómo reclutar en sí, porque no es un libro de operación de recursos humanos; sin embargo, sí te quiero dejar con un par de claves al respecto. La primera de ellas es el reclutamiento pasivo. Éste es un concepto sencillo, pero muy poderoso en este tema.

La mayoría de los emprendedores (y sus áreas de recursos humanos) publica vacantes en diferentes bolsas de trabajo o medios de comunicación masiva. Ahí encuentran a las personas que activamente están buscando empleo. **Este proceso está equivocado.** Si tan sólo cambias a un reclutamiento pasivo, los resultados pueden ser sorprendentemente mejores. Reclutamiento pasivo se refiere a contactar a **gente que no esté buscando trabajo.** En otras palabras, ellos están en otra organización y tú te encargarás de invitarlos a la tuya. De acuerdo con un estudio de *Harvard Business Review*, este sencillo cambio en reclutamiento puede arrojar resultados sorprendentemente diferentes.

> ¿En qué momento sabes que tu EVP está funcionando? Cuando tengas más personas talentosas queriendo trabajar para ti de las que puedas contratar.

La otra sugerencia que te haré es que busques dentro de tu mezcla de talento y trates de promover a la mayoría de forma interna. Ya lo veremos más adelante en la verdad de crecimiento de estructuras, pero quería dejarlo sentado aquí también para que comiences a pensar en ello. Si esto fuera cierto, entonces la propuesta de valor al empleado se vuelve más importante para retener talento que para atraerlo.

Una recomendación que siempre hago a empresas en crecimiento es que consideren que si no pueden competir en compensación contra empresas grandes, entonces busquen talento joven en el mercado y lo desarrollen.

Necesitas al talento en un **estado verde**, en **proceso de maduración**, porque te puedes encontrar con un diamante en bruto simplemente porque nadie se ha interesado en él y lo ha ayudado a desarrollarse. Éste es otro de los secretos de tener activa una EVP agresiva: puede atraer talento joven impresionante.

El quid de la verdad

La verdad es que, como emprendedor, tienes la tarea de captar al mejor talento disponible para hacer crecer tu empresa. Si eres como yo, tu negocio es el de hacer crecer empresas. El problema al arrancar con tu emprendimiento es que compites contra gigantes, contra monstruos establecidos y para los que todos quieren trabajar, así que se complica la captación del talento necesario.

La mentira es que te dicen que hay mucha gente en el mundo queriendo trabajar, basta destinar mucho dinero en sueldos y tendrás a los mejores en tu equipo.

Y no. La verdad es que no necesitas ofrecer sueldos altos y endeudarte o rasgarte las vestiduras por no conseguir el flujo necesario. La atracción de los potenciales empleados dependerá de la propuesta de valor al empleado, es decir, ¿qué le ofreces a esa persona dentro de tu empresa para que ella o él quieran ser parte de tu equipo?

Esta propuesta de valor se construye en los equipos de trabajo y se consolida a través de una cultura de trabajo.

Te toca desarrollar culturas radicales. Te toca hacer que se formen familias que casualmente hacen negocios.

La sexta mentira:

Hay que tener cuidado con el crecimiento, porque implica mayor responsabilidad para el dueño

La verdad: Si construyes tu empresa adecuadamente, entre más crezca, menos responsabilidad será para ti (podrás dormir tranquilo)

Las reuniones sociales con desconocidos son buenas oportunidades para tener un termómetro de lo que la gente piensa sobre los negocios. En otra de estas reuniones se me ocurrió presentarme como alguien que tiene negocios. No quise dar muchos detalles, porque cuando hablo de mi vida suelen ser conversaciones muy largas. En fin, el caso es que después de presentarme, alguien me pregunta: "¿Cuántos empleados tienes en esos negocios?" Para aquel entonces, el *headcount* de 4S Real Estate iba en 300 personas y en ill Digital, en más de 30. Así que eso respondí. Inmediatamente después de mi respuesta vino el comentario: "Seguro vives estresado". "¿Cómo duermes con esa nómina? Yo tengo dos empleados y quiero que sepas que vas en el camino equivocado. Yo tuve una empresa con 40 empleados y terminas trabajando para ellos. No podía dormir del estrés, de los dolores de cabeza que me daban. Y ni se diga las cargas laborales. Te esperan unos años de mucho sufrimiento." Esa noche llegué a mi casa y mi única preocupación fue él. Historias como ésta me pasan todos los días. La gente cree que una empresa más grande implica más problemas. Para mí fue todo lo contrario. Cada vez que mis empresas crecen, son menos dolores de cabeza para mí. Cada vez que mis empresas avanzan, se mueven más independientes.

Tener una empresa es un juego de talento y es, además, un juego de equidad. El problema está en que sueles creer que el talento eres tú, el dueño, el emprendedor que se las sabe todas. El problema es que los viejos te han lavado el cerebro con palabras como *poder*, *cabeza*, *superioridad*. Te han hecho un dueño todopoderoso, un dios indivisible.

> Si crees que tú eres el poderoso que todo lo sabe, entonces serás también el poderoso que todo lo hace. Y si eso sucede, ¡cuidado!

Por ese tipo de creencias ocurre que cuando arrancas con un negocio y te va bien, empiezas a contratar gente que está (ojo) "debajo de ti". Incluso así están hechos los organigramas del pasado, ¿no?, el que conoces desde siempre, el típico que te propone el Word. Por supuesto, cuando estudias en las escuelas de negocios de toda la vida, te dicen mentiras al mostrarte estos organigramas jerárquicos y al asegurar su excelente funcionamiento.

¿POR QUÉ ES ESTRATÉGICA ESTA VERDAD?

En la verdad anterior te hablé de cómo puedes proponer una cultura tan poderosa que sea un imán en el mercado de talento. Ahora es importante aclarar cómo debes ir organizando ese crecimiento, porque, al final, siguen siendo estructuras humanas de liderazgo. **Tejer una telaraña humana con mucha gente tiene sus retos.**

Quiero hacer una aclaración importante de esta verdad. Contaré los principios en función de mi propia experiencia.

La mayor parte de estos principios con los que me he organizado ha sido una creación mía, más que la aplicación de un método conocido. Te lo digo desde antes para que estés avisado. A pesar de todo lo que leí, aún tuve que probar cosas de *feeling* y ver qué funcionaba. Esto es lo que me funcionó.

Iniciemos mi recorrido.

Arrancas tu empresa y los resultados van bien. Llegó el tiempo de contratar gente. Lo primero en lo que piensas es en los organigramas clásicos que aparecen en los libros. En ésos, un director general está arriba y toda la estructura depende de ese gran "mesías". Así que, si está en los libros, debe funcionar. Empiezas a contratar con esa idea.

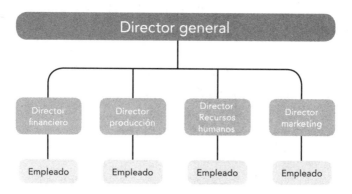

Tener un director general único genera muchos problemas si eres una empresa en crecimiento. Déjame explicarte lo que yo viví.

1. Si tú eres la cabeza que da órdenes, entonces te vas a convertir en un cuello de botella para la empresa. Todo tiene que pasar por ti y, por tanto, cuando no estás disponible, todo se frena.

2. Si tú eres el que da órdenes, entonces vas haciendo que tu gente se vuelva adicta a recibir indicaciones. Poco a poco dejan de pensar y se convierten en zombis que sólo avanzan cuando se los permites.

3. Si tú eres la cabeza única, entonces no puedes dedicarte de tiempo completo a hacer crecer la empresa. Una empresa pequeña necesita un esfuerzo extraordinario de crecimiento. Necesita a una persona dedicada las 24 horas de su vida a hacerla crecer. Al tener labores operativas, tu labor de crecimiento máxima será de tiempo parcial.

El dueño de la empresa no puede perder tiempo en mandar.

¿Por qué caemos en la tentación de mandar? Por dos motivos. Uno de ellos es que seguramente fuimos influidos por la escuela tradicional de negocios, donde se nos dice que así deben funcionar las organizaciones —jerárquicas y militarizadas—. Y, por otra parte, por inseguridad. Al ser pequeños, contratamos gente "inferior" a nosotros por el miedo de perder nuestro negocio y a ellos mismos. Aunque ya hablamos de la importancia del talento en la mentira pasada, quiero recalcar este tema. Muchas veces cuando me acerco a ver qué está pasando en las empresas que están metidas en problemas, descubro que el problema es que están llenas de gente sin talento, personas con una mentalidad minúscula ante los sueños del emprendedor. Es como un juego de *matrushkas*, de esas muñecas que hay una adentro de la otra, adentro de la otra hasta que son muy pequeñas. Cuando llega el momento de contratar a una persona más, el dueño piensa: "Voy a contratar a alguien con ligeramente menor experiencia o capacitación que yo, así puedo mandarlo y lograr que haga lo que quiero". Luego, esa persona seguirá el mismo modelo y contratará a alguien que no le robe el puesto y a quien pueda mandar. Lo mismo hará otra y otra y otra. Y en un abrir y cerrar de ojos se habrá vuelto una empresa llena de gente poco capacitada. ¿Cómo chingados van a crecer? ¿Es esa una empresa que recluta talento?

El trabajo del emprendedor es crear y organizar líderes.

Por lo tanto, trabajar en la formación de tus estructuras de talento es darle la capacidad a la empresa para crear y organizar a estos líderes. Ésta es la verdad que quería presentarte desde el inicio de este capítulo, pero sabía que no te la podía presentar de golpe. El tema de esta verdad es cómo organizar esas estructuras de talento basadas en líderes.

Antes de empezar con la parte práctica de ese acomodo de estructuras, quiero dejar claras dos cosas:

1. Para que esta verdad funcione tiene que haber verdaderos líderes dentro de la empresa. En ese sentido, busca sólo contratar a personas para las que puedas y quieras trabajar algún día. Como hemos dicho en la verdad pasada, el talento es todo. Si no hay líderes, no hay nada que organizar.
2. El liderazgo se desarrolla, no sólo se contrata. Por eso tienes que volverte extremadamente bueno en reconocer potencial en las personas. Contrata siempre potencial antes que experiencia.

Ahora sí, veamos cómo organizar esas estructuras de liderazgo.

¿QUÉ NECESITAS PARA REGIR TU EMPRESA POR ESTA VERDAD?

En mi experiencia, es necesario pasar por tres etapas.

1. Lograr eliminar al director general y crear la columna vertebral de líderes.
2. Encontrar una estructura que dé autonomía y medición a los líderes.
3. Consolidar el liderazgo para lograr la salida de los fundadores.

En los modelos técnicos de la verdad veremos el recorrido necesario para que logres el proceso completo. Mi intención con esta verdad es que te lleve desde la gestación de la empresa hasta que puedas salirte de ella y que ésta crezca sin ti.

Modelos técnicos de la verdad

1) **Eliminar al director general**

Corta la "cabeza". ¿Recuerdas el mito de Hidra? En la mitología griega, Hidra era una serpiente acuática con muchas cabezas. En la historia, Hércules estaba encargado de matar al monstruo, así que le cortó la cabeza. El problema era que, cuando le cortaba una cabeza, en su lugar nacían dos más. Así que, por más que intentara, Hidra parecía ser invencible.

Quiero que tu empresa sea como Hidra. Que no tenga una cabeza. Debo reconocer que en este proceso fui influido por teorías organizacionales como holocracia, que consiste en la toma de decisiones de manera horizontal, ya sin una jerarquía establecida, y por grandes libros como *La araña y la estrella de mar.*[1]

Al final, ésa es la idea. Así que empieza cortando la cabeza. Olvídate del CEO y deja que le salgan al menos tres cabezas. En las empresas en crecimiento mi primera recomendación es buscar, al comienzo, tres líderes: el comercial, el técnico y el administrativo. Luego, hay que dejarlos a los tres sin cabeza. Sí, lo leíste bien, debes dejar esa estructura de tres líderes sin un jefe supremo.

Modelo E-Myth
comercial-técnico-administrador

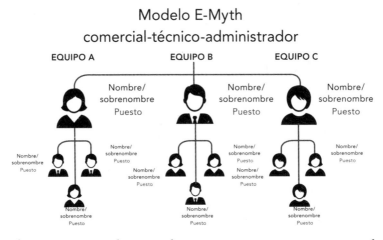

El **técnico** es aquel a quien le encanta operar en tu empresa: el que está en la obra, en la fábrica, en donde suceden las cosas.

[1] Ori Brafman y Rod Besktrom, Empresa Activa, Madrid, 2007.

Además, sabe muchísimo del producto o servicio. Luego está el **administrador**, aquel que está enamorado del dinero, de contar los pesos, de "sentir los billetes en los dedos" y administrar su uso, de llevar cuentas y proyectar cuentas, cuentas y más cuentas. El último es el **comercial**, el visionario, que, para mí, es el más conectado con las ventas y enchufado con el mañana y el futuro, pues siempre piensa en qué se podrá hacer después y en las posibilidades de la empresa. Es, básicamente, el que vende. Si bien esta primera columna vertebral de líderes la veremos en profundidad en la séptima mentira, quiero que vayas conociéndola porque me parece que es fundamental en los inicios de las organizaciones.

Regresemos a mi historia. Yo no empecé solo. De hecho, me asocié con una persona con la que me dividía las labores y dos de las tres facetas que te comento. Habíamos logrado dividir la autoridad (la cabeza). Sin embargo, pronto entendimos que necesitábamos a la tercera parte, así que contratamos a alguien para que fuera una cabeza más a nuestro "nivel", no por abajo. Este punto se lee muy fácil, pero es extremadamente difícil. Fíjate en lo que estoy diciendo: contraté a un empleado y, organizacionalmente, le di la misma responsabilidad que la mía. Yo no era el jefe de esa persona. Esa persona sólo le respondía al consejo.

Seguro has escuchado que las empresas enormes tienen un consejo de administración. Pues qué crees, aun cuando seas una empresa pequeña, necesitas un consejo también. Éste es otro de mis secretos personales y que ha sido de enorme ayuda en el crecimiento de mis empresas. Yo formo un consejo desde que la empresa es muy pequeña y lo voy evolucionando. El consejo es importante porque es una figura de autoridad para las decisiones importantes, pero no descansa en un solo individuo, y por eso permite el crecimiento de los liderazgos individuales.

Para ayudarte a entender esto, vamos primero a diferenciar entre los conceptos "consejo" y "orden". El primero significa algo así como una sugerencia argumentada, que parte de alguien que sabe de lo que habla. Si recibes un consejo, ya decidirás si lo sigues o no. Por otro lado, cuando alguien te da una orden, no te queda más que obedecerla, como un robot. No hay pensamiento de por medio. ¿Estamos claros?

> Este consejo no toma decisiones finales, no las impone a los líderes, sino que, más bien, sugiere. Los deja actuar.

Entonces, para que esto funcione, deben estar claros los roles de los fundadores y los de los líderes que se están incorporando. Deja de lado eso de ser el "dueño" o director general. Tienes que bajar al dueño de la nube, de los cielos en que los modelos tradicionales han querido ubicar siempre al CEO, y darle un puesto específico.

> Define claramente un puesto para el/los fundador/es.

Es posible que hayas arrancado tú solo y que, por lo mismo, quieras mantenerte arriba, pero si contratas a otras "dos cabezas" y las mantienes autónomas y nunca por debajo de ti, entonces irás llegando a la estructura que necesitas. Y cuando digo que las mantengas autónomas, quiero decir que cada una debe operar con total libertad y confianza. Será en las juntas de consejo donde se arreglarán y analizarán las situaciones. Se retroalimentarán, como lo hacemos nosotros en las juntas que celebramos. Las juntas de consejo son cada tres meses. Ahí se hará toda la retroalimentación. Mientras tanto, dejarás que tus líderes operen con total autonomía.

Por otro lado, también me han preguntado si para armar un consejo es necesario tener tres dueños, tres socios fundadores o cuántos se necesitan. El consejo lo puede formar el dueño con dos líderes, los dos socios fundadores con un tercero o los tres socios fundadores (si los hay). El punto no es ése, sino más bien la manera en que opera. Sobre todo, habrá que respetar el funcionamiento del consejo, su rol y los temas que deberán tratarse. Tiene que quedarte claro que el consejo no es un puesto especial para alguien, es la misma gente que trabaja en tu empresa, pero con una función determinada.

2) Encontrar una estructura que dé autonomía y medición a los líderes

Al principio, los tres pilares de mi empresa pensamos que con cortar la cabeza única todo había quedado resuelto. ¡Grave error! Al poco tiempo la columna vertebral funcional que definimos empezó a mostrar sus fallas. Con todo y que operábamos sin cabeza y que cada líder tenía sus funciones separadas, nos enfrentamos nuevamente a la turbulencia. Aquí es donde entra la segunda fase importante en el crecimiento de las estructuras.

El primer problema, al ver que la empresa iba viento en popa, fueron los aumentos de sueldo. Una persona pidió un aumento, luego una segunda y una tercera, hasta que en el negocio padecíamos una epidemia de "aumentitis". No había quien no levantara la mano para pedir más dinero. Por supuesto, cedimos. Por fortuna para nuestra empresa, después se nos vino la crisis inmobiliaria de 2008 y eso frenó nuestra política poco inteligente. Ésta nos dejó una duda, o más bien un problema que podía volver a presentarse y que tendríamos que resolver de otra manera que no fuera a "billetazos". Aquí es donde muchos fundadores pierden el rumbo y no pueden dormir por pagar su nómina.

Había que cambiar.

La respuesta fue transformar los liderazgos funcionales por liderazgos de unidades de negocio. Este cambio parece simple, poco relevante, pero en realidad es la forma más rápida para poder tener *accountability* de parte de tu gente.

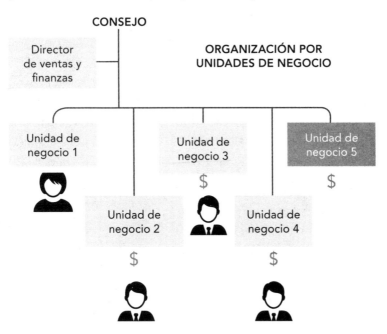

Si podemos atar a un líder con un resultado, entonces podemos cambiar la forma de compensación para que esté relacionada con el resultado. Aquí está lo importante de esta segunda fase de crecimiento de la estructura de liderazgo. La "variabilización".

En las empresas grandes te ofrecen como incentivos bonos por productividad y por otras cosas cualitativas. Yo no hablo de eso. Yo hablo de que en las empresas en crecimiento puedas atar un resultado a una persona y que la incentives en función de ese resultado logrado. Si logras hacerlo, entonces conceptualmente cada líder nuevo que agregues a la organización será un resultado. Supón, por ejemplo, que le pides un 20% de crecimiento al líder que maneja una de tus unidades de negocio. En el momento que él recibe su meta de parte del consejo, no dormirá hasta lograr el resultado.

Variabilización

Cuando te rodeas de líderes de unidades de negocio que trabajan por un sueldo variable, obviamente quiere decir que su sueldo no es fijo, sino que éste varía según el resultado de su propia unidad. Para ellos es una manera de quitarles el techo, de no limitarles la ganancia. Para la empresa implica olvidarse de los aumentos porque son ellos mismos quienes se fijarán un tope. Lo cierto es que pueden crecer tanto como ellos lo decidan. Su aumento irá alineado al resultado del negocio.

Con eso resolvimos otro reto: darle a cada unidad una responsabilidad.

¿Te das cuenta de cómo se crearon emprendedores dentro de mi emprendimiento? A veces me preguntan cómo se me ocurre decir que tengo "emprendedores" y no "empleados". Ésta ha sido una de las maneras. Es un *hack*. Y ya hablé sobre los *hacks* dentro de la estructura de negocios (en la cuarta mentira), porque será tu responsabilidad hallar maneras en las que puedas obtener al mejor talento con los recursos y posibilidades que tienes cuando estás en crecimiento.

> Los líderes son responsables de sus propios resultados.

El organigrama del futuro

Ya que en el párrafo anterior mencioné los *hacks*, aquí te voy a contar un organigrama que implementé en el proceso de crecimiento de mi estructura de talento. En la mentira anterior, sobre EVP, hablé de cómo fui armando mi propio organigrama y no me quedé con la estructura que en varios libros de negocios nos venden.

¿Es posible creer que alguien haya definido el organigrama de tu negocio años antes de que se te ocurriera a ti fundarlo? Cuando me refiero al organigrama del futuro, hablo de que tienes que pensar no en los puestos que necesitas hoy, sino en los que vas a necesitar mañana. A partir de esa idea, te tocará dibujar tu nuevo organigrama y buscar tu equipo del futuro. Como dije en la quinta mentira, mi *hack* fue rodearme de practicantes, y varios de ellos se convirtieron en personal fijo de mi equipo. En esa mentira también te conté la historia de cómo convencí a mis socios para hacerlo.

No se trató de ir a las universidades y firmar a cualquier practicante, ni tampoco de inundar las redes sociales con vacantes. Empecé un **programa de *trainees*** en el que cada semestre traía a 30 practicantes nuevos al barco. Y lo empecé cuando teníamos alrededor de 50 empleados fijos en la empresa. Básicamente correspondía a un practicante por cada dos empleados fijos.

Si estás pensando que mis practicantes estaban durante el día trayéndome gaseosas o encarpetando hojas, estás totalmente equivocado. Mis practicantes eran líderes de unidades de negocio. Claro, no eran unidades relevantes en ese momento, es decir, no me iban a destruir la empresa, pero sí eran unidades que me permitían experimentar para el futuro. **Ahí estuvo la clave**.

Este programa y esta saturación de practicantes me permitieron dos cosas: la primera fue que jugué con mi organigrama del futuro; en otras palabras, probé y experimenté con los puestos que iba diseñando para saber si eran viables o si me había equivocado; la segunda, que podía darme cuenta de quién tenía talento y quién no. Y esta mentira trata sobre la estructura del talento.

Para definir si ellos tenían talento me apoyé en las nueve cajas, en esta matriz en la que podía visualizar el desempeño del talento, su contribución a la empresa y, sobre todo, el potencial a futuro. Un eje para el presente y otro para el futuro.

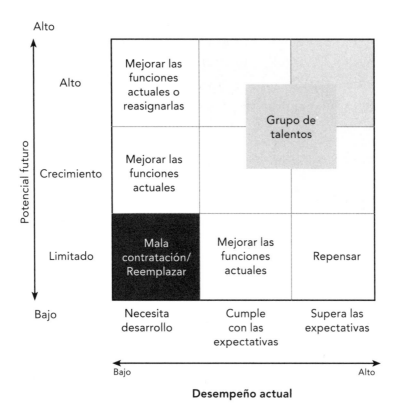

En los negocios es necesario vender

Hasta aquí la organización de mi negocio iba a toda madre. Habíamos cortado la cabeza, contábamos tres, habíamos armado un consejo, habíamos eliminado la idea de la gerencia para crear líderes de unidades de negocio, se habían variabilizado los sueldos de los directores de las unidades y les tenían una responsabilidad. Sin embargo, surgió un tercer reto: el de vender más. ¿Cómo avanzar con tantas unidades de negocio si no tienen suficiente trabajo? También era necesario que les cayera por otro lado para que lo ejecutaran, ¿no?

Necesitábamos más líderes encargados de vender. Y no podíamos esperar. Ojo: no vendedores, sino líderes comerciales. Como escribí antes, **el trabajo del emprendedor es crear líderes, no emplear "máquinas"**. Por ello hice lo siguiente:

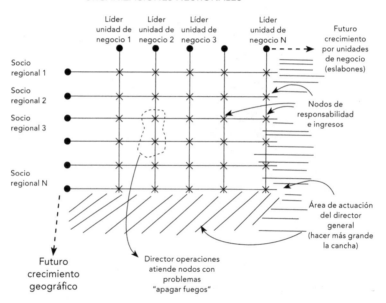

Si observas la gráfica, en un eje están los líderes de negocio, y en el otro los comerciales. Ahí surge un cruce interesantísimo de líderes. Los primeros se motivan por la utilidad generada, los segundos por, claro está, el volumen de ventas. **Pero ambos variables**. Así que la matriz (organigrama) que ves arriba es variable en su totalidad. Todos son responsables. Cuando hice esto logré liberarme del trabajo que podría habernos frenado a todos.

En la siguiente mentira, la de crear socios, verás el proceso con el cual estructuré esta parte.

3) Consolidar el liderazgo para lograr la salida de los fundadores

Como bien lo mencioné antes (y podrás verlo en los videos de mi canal de YouTube), en enero de 2019 salí completamente de mi empresa de consultoría. Fue un día emocionante, **fue mi graduación de emprendedor**. Así que me emociona contarte cómo llega ese día en el que, finalmente, sales de tu empresa para que crezca sin ti.

Luego de haber armado un organigrama diferente, una parrilla que cruza líderes comerciales y líderes de unidades de negocio, cruces que representan una cantidad enorme de nodos que generan dinero (piénsalos como cajas registradoras constantemente cobrando dinero), llegué al momento de salir del negocio, de dejarlo funcionar solo y dedicarme a otras cosas.

Pero tampoco se trata de salir así como así, sino más bien es salirse y hacer una "última" modificación al organigrama. Para verdaderamente salir de la empresa necesitas darle más formalidad al consejo y ahora sí nombrar a un director general y a un director de operaciones. Fíjate cuándo aparece la figura de director general: al final de la película (no al principio, como dice la teoría).

Para ejemplificar esto me gusta usar la analogía de un avión. Alguna vez un experto en desarrollo de talento humano me dijo: "Piensa en tu empresa como un avión (claro, cuando la empresa ya es tan grande y efectiva que vuela) y en ti como el dueño. ¿Vas a volarlo tú? ¿O lo va a volar el piloto? Cuando tu empresa ya está volando y tiene una estructura de líderes que permite mantenerse en los cielos, entonces vas a requerir a un buen piloto".

Muy fácil y bastante claro.

Mi piloto es el director general.

Pero antes de hablar del director general le quiero dedicar unas líneas al director de operaciones. En una estructura de liderazgo tan grande te vas a topar con muchos problemas de comunicación y operativos dentro de ella. Para eso está la figura del director de operaciones. Yo lo veo como un "pegamento". Es un pegamento que va a trabajar donde hay fisuras (o problemas) de la empresa. A veces es una división, a veces es otra. El director de operaciones se mueve para fortalecer los puntos débiles del momento. Es tu bombero en jefe.

Y ahora sí, llegó el momento de hablar del director general. Cuando escribo esas palabras parece que estoy terminando con el sueño de crear a Hidra, el monstruo de mil cabezas. Pues de nuevo te equivocas. El director general del que yo hablo no es una cabeza encima de todas las demás, sino que es el corazón de Hidra. Me gusta esta analogía porque el corazón está debajo de la cabeza; es decir, este líder trabaja para sus líderes, pero, además, no se encarga de pensar: se encarga de *coachear, mentorear* e impulsar a sus líderes y —hay que decirlo— de crear más cabezas.

Ése es el trabajo del director general. Hacer más grande la cancha en la que juega la empresa y, habiendo logrado eso, poner a los líderes correctos a jugar en esas posiciones. Su labor permite el nacimiento de más cabezas dentro del mismo cuerpo.

Ése ha sido el recorrido que me llevó de cero a crear una empresa que crece sin mí.

El quid de la verdad

El éxito de tu negocio no depende de ti. No depende de una cabeza, de un dios todopoderoso llamado CEO *que toma todas las decisiones y se rodea de gente "inferior" a él, a quienes puede mandar. Es una mentira que la figura del patrón siga siendo relevante, que sea el camino al éxito.*

Deja de pensar en palabras como **poder** *y* **superioridad**.

La verdad es que, como dije, tener una empresa es un juego de talento y equidad, de rodearte de personas talentosas (incluso más que tú) y de soltarles la rienda para permitir que liberen su máximo potencial y que te lleven al futuro.

El juego es de liderazgo y de tener la capacidad para organizarlo con tus estructuras propuestas.

Cuando tengas un grupo fuerte de líderes organizados alrededor de tu cultura, quizá no seas la persona más facultada de la empresa, y en ese momento deberás dejar tu lugar para que los más talentosos la lleven.

El verdadero emprendedor es aquel que puede graduarse de su empresa para ir a iniciar la siguiente.

La séptima mentira:

El crecimiento de un empleado tiene
un límite, y cuando sienta más hambre
va a salir de la empresa
y hasta será tu competencia

La verdad:
Tienes que aprender a convertir a
los talentos fuera de serie en socios

Las empresas en crecimiento padecen un problema grave: la fuga del mejor talento. Esto sucede porque el talento siente que ha llegado a un límite. A diferencia de las empresas grandes, en donde es posible ver cuatro o cinco peldaños hacia delante, en una empresa en crecimiento incluso el talento más competente quizá dependa del dueño mismo. Si el siguiente escalón es el dueño, ¿a qué puede aspirar la estrella en ascenso? Por supuesto que no podrá esperar que el dueño se haga a un lado y le deje la empresa… ¿cierto? Pues, aunque no lo creas, ésa es la respuesta.

A partir de mi experiencia en el crecimiento de empresas —aclaro que no es la verdad absoluta— entendí que el mejor proceso para lograrlo es uniendo al mejor talento a la organización, pero no sólo contratándolo, sino haciéndolo "socio" (las comillas las entenderás más adelante). Esta idea de crear "socios de crecimiento" es una de las recetas antes secretas sobre la cual baso mi éxito y es la que te quiero contar en esta verdad.

Yo no contrato empleados.
Contrato socios potenciales.

Hace tiempo hice bastante ruido en redes sociales y en medios de comunicación porque empecé a promover la idea de que **yo no contrataba empleados**, es decir, gente que tendría a mi mando y manipularía para hacerme tareas indeseables o poco interesantes. Yo presenté la idea de que cualquier persona que cruzara las puertas de mi oficina tendría la posibilidad de **convertirse en un socio**. Era natural que mi afirmación llegara a todos lados.

¿POR QUÉ ES ESTRATÉGICA ESTA VERDAD?

Porque es la llave mágica para evitar la fuga de talento de empresas en crecimiento. En lecciones anteriores hemos hablado mucho de la importancia del talento, de cómo atraerlo y de cómo construir esa cultura de trabajo basada en equipos. Sin embargo, ocasionalmente, en la vida aparecen ciertas estrellas que cargan el equipo en sus hombros, que tienen capacidades superiores y un liderazgo implícito aun sin solicitarlo. Esos casos son los más importantes de retener en una empresa en crecimiento.

Hace poco estuve platicando con uno de mis socios regionales sobre sus decisiones de vida. Me confesó algo que no me había mencionado hasta entonces: durante su crecimiento por 4S Real Estate rechazó más de 10 ofertas de trabajo. "Una de esas ofertas me movió el tapete", me dijo. Le pregunté por qué y su respuesta me dejó frío: "Me ofrecieron una dirección general con el doble de sueldo de lo que en ese momento percibía en 4S". "¿Por qué te quedaste?", le dije. Su respuesta fue una grata confirmación: "Siempre me vi como tu socio, y sabía que eso no lo iba a lograr en la otra empresa por mejor sueldo que me dieran". En ese momento, además de agradecerle profundamente, sentí la fuerza de lo que habíamos logrado. Una organización que retiene a los *cracks*. Esos "capitanes" de mi organización son la base sobre la cual pude llevar mis metodologías a nivel internacional y por medio de los cuales pudimos lograr esa organización que funciona sin mí.

Otra pregunta recurrente de los emprendedores es: "Carlos, ¿cómo hiciste para salir de tu empresa y que funcione sin ti?" La respuesta corta es que lo logré gracias a mis socios cofundadores (tema del que te hablaré más detalladamente en otro capítulo), pero la respuesta completa es mucho más divertida. Me acuerdo perfecto de un día en que llegué a la oficina y mi socio Nacho, entonces director de Operaciones, nos pidió una junta de socios. Su motivo: quería más responsabilidad. Francisco —mi otro socio— y yo le respondimos: "¿Qué más responsabilidad que ser el director de Operaciones?" Su respuesta fue: "Los quiero fuera de la empresa". No malinterpreten sus palabras: cuando él nos pedía eso no lo hacía por algún conflicto, lo hacía porque quería un reto más grande. Su siguiente reto era llevar la empresa sin nosotros. Esto pasa cuando contratas líderes y personas más inteligentes que tú: **ellos te dirán qué hacer**. Así que, sin más, mi socio Francisco y yo comenzamos a preparar nuestra salida. Ese proceso tomó alrededor de un año, hasta que, en enero de 2019, por fin le dimos el puesto de director general y, oficialmente, sacamos nuestras cosas de la oficina. Yo me llevé a 14 personas para formar i11 Digital (mi nuevo emprendimiento) mientras que mi socio Francisco se llevó a otras tres para crear Nodus

Capital. Esto no representó un corte en la relación comercial, al contrario, en todas las empresas seguimos siendo socios.

Con esta historia lo que quiero hacerte entender es que esas sociedades te permitirán hacer crecer tu empresa al punto en el que no seas necesario para ella. Para mí, ése es el fin último del emprendedor, el momento en que su "bebé" ya es independiente y puede hacer su vida solo. Si logras eso, sabrás que hiciste bien las cosas. Esto creo que es la verdad que te permitirá llegar a ese final.

¿Qué necesitas para regir tu empresa por esta verdad?

Tengo que explicarte varias cosas antes de responderte claramente cómo funciona mi sistema de socios. Primero que nada te quiero aclarar: los empleados que en el mediano plazo convierto en socios los llamo "socios de crecimiento". Cuando inicias e involucras a socios desde la gestación de la empresa, a esos los llamo "cofundadores". Es muy importante hacer esta distinción porque son temas totalmente diferentes.

Para efectos de esta verdad, hablaré primero de los cofundadores y más adelante aclararé el tema de los socios en crecimiento.

Cofundadores

Cuando tienes una idea en mente y quieres lanzar una empresa, frecuentemente necesitas de otros talentos de apoyo.

Cuando todo está a nivel de idea, la verdad es que lo más fácil es dividir la empresa —o más bien la apuesta de empresa— y esperar lo mejor. Estos socios que "apuestan" a la nada son los más valiosos, puesto que ni siquiera hay una certeza de que la empresa realmente vaya a funcionar en el mercado, por lo que, como recompensa por la confianza y el riesgo que esto implica, terminan llevándose una tajada fuerte de la empresa. Sin embargo, no es tan sencillo. Un tema fundamental es elegir a la persona adecuada como cofundador, porque si se escoge a la persona equivocada también puede significar destruir el sueño. Por esto mismo son apuestas muy importantes en la vida de un emprendedor.

¿Realmente necesitas a un cofundador? La respuesta es que no necesariamente. Te recomiendo tener un cofundador cuando te sientas débil en uno de los tres pilares de la columna vertebral de origen de los negocios que ya vimos brevemente en la mentira anterior. Esta columna vertebral la conocí primero en el libro *E-Myth: Business Coaching*,[1] de Michael E. Gerber. Él dice que dentro de la labor de emprendedor conviven **tres personalidades**: el *técnico*, el *administrativo* y el *emprendedor* (o comercial). Si sientes debilidad en una de esas áreas, vas a requerir a alguien que se encargue de ella. Por lo tanto, en un escenario de especialistas, requerirías tres cofundadores en la empresa.

---

[1] www.emyth.com.

Las tres personalidades

COMERCIAL

Emprendedor

- Visionario
- Vive en el futuro
- Innovador
- Creativo
- Le gusta el control

Administrativo

- Vive en el pasado
- Planea y organiza
- Se aferra al *statu quo*
- Le gusta el orden

Técnico

- Inquieto
- Vive en el presente
- Le gusta trabajar en una cosa a la vez
- Piensa en el "cómo"

ADMINISTRACIÓN

OPERACIONES

El **técnico** es aquel a quien le encanta estar metido en la operación de las cosas. Si es una constructora, es al que le encanta estar en botas y casco metido todo el día para saber qué está pasando en la obra. Si es una empresa de consultoría, como la que yo escalé, es al que le encanta estar haciendo las presentaciones y atendiendo al cliente. Ama lo que hace.

Luego está el **administrador**, aquel que tiene visibilidad de las finanzas. Es extraordinario en medir el negocio y proyectar: cuentas, indicadores, números. El administrador, además, suele ser muy bueno para incrementar los precios, quiere mantener el negocio saludable y con flujo adecuado.

Ahora sí, el último es el **emprendedor y comercial**, es el vendedor y visionario. Él se encarga de crear una idea, pero, además, va al mercado a asegurarse de que funciona. Siempre está pensando en qué más hacer, pero muy vinculado a su labor de venta. Es el líder comercial y le interesa más vender antes que operar o hacerlo en los montos correctos.

En la práctica, es imposible que seas extraordinario en las tres áreas. Por lo mismo, a veces es preferible repartirlas, **trabajarlas en tres cerebros diferentes** para que cada uno se dedique al cien por ciento a una y en lo que realmente es bueno y por lo que es un apasionado. Yo entendí este concepto rápidamente porque, en la práctica, arranqué sólo con un socio y vimos que no nos dábamos abasto con todo, luego nos sentimos sobrepasados un poco, así que decidimos traer al tercero a bordo para potenciar el desarrollo de la empresa. Y todo funcionó de maravilla.

Ahora pasemos a otro libro, *The Three Box Solution: A Strategy for Leading Innovation*,[2] de Vijay Govindarajan, que trata un enfoque bastante similar, pero él habla de tres cajas: la del pasado, la del presente y la del futuro.

En este enfoque la caja del **pasado** equivale a la personalidad del administrador, en parte porque representa una mentalidad afincada en números y datos duros, necesarios, vitales, pero anticuados. La caja del **presente** representa a la personalidad del técnico, del operador, porque lleva el día a día y se

---

[2] www.3boxsolution.com.

El enfoque de las tres cajas

Al equilibrar las tres cajas, los gerentes
pueden resolver la tensión inherente que
surge al innovar en un nuevo negocio,
al mismo tiempo que administran un
negocio de alto rendimiento.

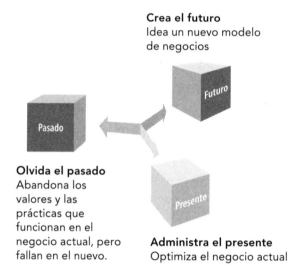

Crea el futuro
Idea un nuevo modelo
de negocios

Futuro

Pasado

Olvida el pasado
Abandona los
valores y las
prácticas que
funcionan en el
negocio actual, pero
fallan en el nuevo.

Presente

Administra el presente
Optimiza el negocio actual

preocupa por el presente, porque todo marche como debería. Es decir: que el relojito funcione. Y, por último, la caja del **futuro**, corresponde a la del emprendedor o visionario. Ésta se explica por sí sola.

El punto de mencionar las **tres mentalidades** de los socios cofundadores es que, cuando se trata de los cofundadores, debes entender que cada uno debe adjudicarse una responsabilidad medible sobre la cual pueda recibir retroalimentación. Ése es el secreto del esquema. Con frecuencia, en las sesiones de mentoría que brindo me encuentro con un error fundamental y es el del caso de empresas donde los dos cofundadores tienen el mismo rol. Sin duda, eso genera una gran complicación en la realidad operativa.

Sin embargo, una cosa es tener bien definidas las personalidades y la responsabilidad de cada uno, y otra es que, además, es imprescindible que los objetivos de cada uno estén alineados. De hecho es tan básico compartir la serie de objetivos que me atrevo a afirmar que 95% de los problemas entre cofundadores se asocia a **cuatro temas** relacionados directamente con este conjunto de objetivos del que hablo.

De aquí se desprenden los conflictos también entre socios:

1) **Ambición**[3]

Existen diferentes tipos de objetivos para cada persona. El nivel o tipo de ambición es uno de los problemas clásicos. Yo los divido, a su vez, en cuatro:

> *a)* Autoempleo (el punto es vivir bien, pero todo lo demás es perversión).
> *b)* Microempresa (va un poco más allá, pero con un tope).
> *c)* Estilo de vida (quiere vivir mucho mejor que la mayoría).
> *d)* Dominación global (se entiende sola).

Yo me ubico en el cuarto nivel: **tengo ganas de comerme el mundo**. Mi ventaja ha sido compartir con socios que se colocan en el mismo nivel de ambición, lo que potencia el crecimiento de la empresa y facilita el trabajo y la toma de

---

[3] Puedes darte una idea de la necesidad de compartir ambición con mi video "La ambición es la que une a los equipos", en mi canal de YouTube.

decisiones. No critico los demás niveles de ambición, no se trata de eso, sino más bien de que entiendas que al momento de asociarte o fundar una empresa es vital compartir un mismo nivel para no entrar en conflictos que sólo conducen a la pérdida de energía y de oportunidades.

2) Inversión de tiempo[4]

El tiempo siempre será un factor o un elemento importantísimo al momento de dividir el trabajo. He visto socios de empresas que invierten más horas que otros y, por consiguiente, eso les trae una gran cantidad de problemas, sobre todo porque las horas suelen asociarse al compromiso con cualquier proyecto. La cantidad de tiempo podría identificarse en tres:

a) Parcial. •
b) Total.
c) Pasional (ya imaginarás que yo me encuentro aquí. ¿Sabes en dónde estás tú?).

Como supondrás, cada uno representa más horas que el anterior. ¿Cuántas horas dedica cada socio? ¿Cuántas horas dedicas tú?

3) División de labores

Esto es lo que mencioné antes: implica la división de responsabilidades cuantificables y con potencial de retroalimentación.

[4] Mira el video "Curso de administración del tiempo en 5 minutos" (además de otras ideas que tengo sobre el tiempo), también en mi canal.

Cada socio tendrá su perfil bien definido y cada uno se abocará a dedicar su tiempo para explotar su potencial y cumplir con creces con lo que le toca.

4) Política de rentabilidad[5]

Éste es el más difícil de todos los temas. ¿Cuánto dinero de las utilidades del negocio vas a retirar para tu vida personal? Yo creo que más de la mitad de los problemas entre cofundadores sucede en este punto. ¿Por qué? Porque el dinero que retiras del negocio está limitando su crecimiento. Por tanto, un socio que necesite dinero inmediatamente para su vida personal requerirá sacar utilidades del negocio, mientras que otro que prefiera el crecimiento en el largo plazo procurará resolver sus necesidades con otra fuente de ingresos o sacará lo mínimo indispensable de la compañía.

Si los socios no llegan a un acuerdo aquí, podrían tener nuevos problemas. Crecer cuesta, eso queda claro.

En mi caso, propuse una política de reinversión con la que todos estuvieron de acuerdo, y a partir de ahí comenzamos a trabajar y a crecer.

El tema de los cofundadores da para hablar mucho más, pero no es el enfoque de este libro. El verdadero secreto en mi experiencia fue que aun cuando ya tenía socios cofundadores, les dimos oportunidad a nuestros empleados para que se

---

[5] Hace tiempo publiqué un video sobre la rentabilidad y las decisiones de los socios, además de lo que a mí me tocó. Busca el video "Flexibilidad vs. control" en mi canal de YouTube.

convirtieran en "socios en crecimiento". Esto es lo que te quiero explicar a través de los modelos técnicos de la verdad.

MODELOS TÉCNICOS DE LA VERDAD

¿Cómo crear socios del negocio?

La respuesta es que este tipo de socios en crecimiento son diferentes para empresas especulativas (venta) que para empresas patrimoniales (permanencia). Es sumamente importante hacer esta distinción porque esto permite ahora sí poder presentar modelos prácticos para llevar a cabo la asociación.

Empresas para venta (modelo Silicon Valley)

El ecosistema emprendedor de Europa y Estados Unidos está más desarrollado y eso permite fácilmente a los mercados la venta de empresas. Ante esa posibilidad tiene más sentido crear empresas con miras a su venta que a conservarlas en el largo plazo. ¿A quién se le vende la empresa? A los fondos de *venture capital* que, a su vez, buscan vender la empresa en los mercados públicos —la bolsa de valores—. Si arrancamos con esta visión en mente, entonces lo más importante es incrementar la valuación de la empresa para poder pegar el golpe más fuerte cuando llegue su colocación. En ese sentido, si lo que te interesa es vender la empresa a la mejor valuación, retirar las utilidades es en realidad perjudicial, porque atenta contra su crecimiento. Es por este motivo que verás que la mayoría de las empresas en estos ecosistemas vive muchos años con pérdidas, siempre premiando el crecimiento sin importar la utilidad.

En esos modelos de empresa la solución para crear socios de crecimiento son las *stock options*. Estas herramientas son, básicamente, un instrumento legal que te da el derecho de comprar acciones de una empresa a un precio determinado, preferencial.

No es que la empresa dé las acciones, sólo otorga el derecho de comprarlas (a un precio bajo de la valuación de inicio). Claro, siempre y cuando el empleado se haya mantenido dentro de la compañía un cierto tiempo y no haya salido prematuramente. Es decir, si el empleado sale por su cuenta o si decidiste terminar su contrato, da igual, la opción se rompe y él o ella nunca fueron dueños de ninguna acción.

Para dejarte claro este formato, imagina una empresa cuya valuación inicial sea de $100 y se emitan 100 acciones de origen. El emprendedor le da a un empleado extraordinario *stock options* de tres acciones al precio de $1 por acción. Supongamos que el empleado se mantiene en la compañía y la empresa se termina vendiendo en $1 000. En ese escenario, cada una de las 100 acciones ahora vale $10. El empleado ejecuta sus tres *stock options* y compra tres acciones a $3 y si decide venderlas en ese momento recibe $30 por ellas, obteniendo una utilidad de $27 en ese movimiento. Como te darás cuenta, estas opciones son una extraordinaria herramienta porque alinean a toda la organización a lograr la venta de la compañía.

La ventaja de las *stock options* en este modelo es que, como dueño, de entrada, **no firmas a un socio desconocido**, sino que le abres la posibilidad a un elemento de confianza, quien, además, cree en el proyecto desde antes, sólo que eso es un atractivo más. Otra es que permite conservar el flujo de caja para **maximizar el crecimiento**. Sus desventajas son que no hay liquidez para los empleados hasta la compra y que requiere de una estrategia de pronta salida.

En Latinoamérica el ecosistema de emprendimiento no está tan desarrollado y es difícil pensar en vender empresas. Por lo tanto, los emprendedores buscan conservar las empresas en el largo plazo y generar utilidades de ellas. A esas empresas les llamo "empresas patrimoniales" y ahí también hay formas para crear socios de crecimiento.

Empresas patrimoniales (modelo latinoamericano)

Como es el modelo en el que me he desarrollado puedo decir que he definido **dos tipologías de socio**: el de socio de **unidad de negocio** y el de **crecimiento geográfico o socio regional**, como los llamo.

La forma más fácil de crear socios de crecimiento es dándoles la oportunidad de que lleven tu negocio a otra geografía. A esta modalidad de crecimiento la llamo "socios regionales". La consigna es sencilla: "Esto que ya vimos que funciona correctamente en la región X llévalo a la región Y. Tú vas a tener la exclusividad de esa región, siempre y cuando vayas cumpliendo con las metas esperadas".

Esta modalidad me sirve para impulsar a empleados de mi oficina original, así como integrar emprendedores (que no eran mis empleados originalmente) para que se unan y sean parte del movimiento. Para ello les pido que hagan un recorrido de tres etapas.

En la **primera etapa** me encargo de conseguir a una persona que recibirá el título de **representante regional**. Aquí, el representante lleva sólo una comisión sobre la cobranza del flujo de la región que le corresponde. Es decir, no cuenta con un sueldo base, pero trabaja y vende. Así gana. Ahora bien, el proceso debe durar un año completo y les exijo a los representantes una cuota de ventas.

Al principio no importa la rentabilidad, sino el flujo: me interesa que se venda. Me interesa la presencia. Si el representante permanece los 12 meses y cumple con la cuota de ventas, puedo, entonces, promoverlo al siguiente nivel.

En caso de que quieras mandar a un empleado tuyo como representante regional, un paso difícil que debes dar es que renuncie a su sueldo. Para avanzar en este recorrido, quien hasta ahora es empleado tiene que aceptar que deja de percibir un ingreso fijo y que debe variabilizarse.

En el caso de mi empresa de consultoría, la comisión en esta etapa es de 15%, pero he ayudado a otros emprendedores con esto y esa comisión puede variar sustancialmente dependiendo del modelo de negocio. Sin embargo, hay que tener cuidado, porque si sólo se propone la primera etapa, los potenciales socios asumen que es un simple trabajo de ventas sin sueldo, como los miles que hay en el mercado. "Por más que me digas que soy parte de una organización, estoy solo, sin sueldo." No es una posición deseable. La gran diferencia que yo he logrado es permitirles a estos representantes regionales que se conviertan en socios regionales, ésa es la segunda etapa en el recorrido.

En la segunda etapa le pido a mi representante que forme una compañía. Esa empresa es de su propiedad y firmará un contrato de **licenciamiento** con la marca principal. Aquí es importante aclarar dos cosas. La primera es que le pido al socio regional formar su propia empresa —no vincularse con la nuestra—. Esto es sumamente importante porque no queremos agregar complejidad a nuestra empresa original, sino que queremos mantenerla con el poder de decisión.

Una recomendación mía es que nunca incorpores a nadie como socio en tu empresa principal (más que a tus cofundadores, de los que hablamos previamente). Los socios de crecimiento siempre deben ir con otros esquemas que nos permitan mantener control y flexibilidad de la organización.

La segunda es que se firma un contrato de licenciamiento, el cual permite darle formalidad a la relación y poner los candados necesarios para que el socio regional no pueda abusar del conocimiento y experiencia generada al trabajar desde adentro.

El funcionamiento de estos socios regionales también es muy particular. El contrato de licenciamiento especifica una regalía a la marca, lo cual ahora invierte los roles. En lugar de que la empresa sea quien le paga una comisión al socio, el socio es quien le paga una regalía a la marca. El monto restante se divide en porcentajes de acuerdo a las labores operativas de cada parte. En cada uno de mis servicios de consultoría tengo porcentajes diferentes porque requieren distinta cantidad de trabajo de parte del socio regional.

La tercera etapa incluye ya una **oficina regional**, en la que el socio se encarga de la mayor parte de las labores operativas. Es decir, cuando el otro socio llega a ciertos momentos, le toca más trabajo operativo, pero no sólo eso, sino que la empresa que ya formó junto con la mía podrían formar una tercera.

Aquí, finalmente, se da la sociedad que te imaginabas, pero además es una sociedad entre empresas, lo cual le da aún mayor fuerza e institucionalidad.

Todo el modelo anterior ofrece muchas ventajas. De entrada no inviertes sueldos en nuevas regiones. Ésa es quizá la principal ventaja. ¿Cómo hubiéramos llegado a 18 países sin este modelo? Otra es que diluyes el riesgo de crecimiento en varios socios, así, si alguno no funciona, sale de la ecuación e ingresa el siguiente. Por último, no le entregas la sociedad a un desconocido, sino hasta que la persona se haya probado según las métricas que definas. Pasar cada etapa requiere tiempo y cumplimiento de metas. Esto último es fundamental, porque si la persona que escogiste resulta que no es la ideal (lo cual te darás cuenta en los primeros meses después de haber arrancado a trabajar) siempre está la posibilidad de remplazarla.

Si algo he aprendido después de haber diseñado esquemas de este tipo para varias otras empresas de algunos miembros de mi comunidad *mastermind*,[6] es que lo más importante es estructurarlos a través de una escalera de pasos y no entregar la "sociedad" así nada más. Crear un proceso escalonado para llegar a la sociedad es buena parte del secreto.

Ahí está la receta que alguna vez fue secreta.
¡Hazla tuya!

---

[6] Es una membresía anual por medio de la cual doy mentoría personalizada a dueños de negocios.

¿Qué pasa con los empleados-empleados?

Los otros socios de crecimiento son los socios de unidad de negocio que viven dentro de tu corporativo.

Para que funcione este esquema necesitas que tu empresa esté organizada por unidades de negocio.[7] Cuando organizas tu compañía por unidades de negocio, los líderes de mayor valor se convierten en los responsables de los resultados de dichas áreas. Esto es fundamental porque te permite crear un sentido de responsabilidad claro y un esquema para medirlos objetivamente.

Para crear socios de unidades de negocio también me muevo por fases.

En la primera **designo a un líder**, a quien primero le doy un bono como porcentaje del flujo de efectivo. Es una muy buena motivación, pero además provoca que el líder entienda que ahora un porcentaje de su compensación es variable.

De ahí sigue la **transparencia absoluta**, en la que tu organización abre los números de la unidad de negocio para hacer consciente al líder de cuánto genera su rubro. Esto se dice fácil, pero me he dado cuenta cuando lo hablo con otros emprendedores de que para la mayoría de ellos abrir los números es un tabú que no pueden romper. En las organizaciones que yo estoy creando todos sabemos perfectamente cuánto estamos ganando, porque hay transparencia absoluta de la información financiera.

Una vez que estén abiertas las cartas, el siguiente escalón para el líder es darle un bono de un mayor porcentaje de su

---

[7] Ya hemos hablado de esto en las mentiras cuarta y sexta.

sueldo, pero ahora a favor de utilidades. Esto significa que a partir de ese momento la mayor parte de su compensación será variable.

En la tercera y última etapa se da una **asociación por bono de utilidades**, en la que el empleado renuncia a su sueldo para aceptar un nuevo contrato de participación de la unidad de negocio. Mientras ese líder esté trabajando en la empresa recibe el porcentaje de utilidades especificado por el contrato. En las unidades de negocio que tengan ciclos de flujo de efectivo largos se hacen reportes trimestrales, y normalmente yo hago adelantos mensuales de un 50% de las utilidades proyectadas para que el líder pueda contar con flujo mensual. Pero aclaro que en esta tercera etapa 90% de la compensación del líder es completamente variable.

Vamos a suponer que en tu empresa abres una nueva unidad de negocio. El primer paso será determinar si la nueva unidad puede funcionar como un negocio de verdad. Ser rentable. Cuando lo confirmes, cuando lo tengas bajo control, lo ideal será designar a un líder para que se encargue de ella. Esta persona será alguien del personal operativo, con conocimiento del área, bueno en su trabajo, a quien se le otorgue un porcentaje de la cobranza como incentivo.

> No sólo estarás *creando más emprendedores* dentro de tu empresa, sino que propiciarás el crecimiento de las unidades de tu negocio.

Este líder es parte de la primera fase de la que te hablé, que dura entre uno y tres años, hasta que esta cabeza de área está lista —o la considere lista— para moverse a la segunda fase, que es la de la transparencia absoluta. Ahí le abro los núme-ros y creo el **bono basado en utilidades** que mencioné. Es decir, al principio lo importante es la venta, dejamos de lado los costos, pero cuando cambiamos a un bono por utilidades, su forma de dirigir cambia, porque ahora tendrá que "meterle cerebro" para reducir los costos y ganar más. De nuevo, de él o ella dependerá su ganancia y, entonces sí, sacará a flote su capacidad.

Cuando ésta se haya dominado, cuando gane mucho y haya asimilado las formas, podremos avanzar a la etapa de **asocia-ción por contrato**. Aquí siempre le pido al líder que renuncie a su contrato, a su sueldo, para pasar a ser socio, y a partir de ahí llevarse un porcentaje determinado de las utilidades siem-pre y cuando siga bajo contrato con la empresa.

Las organizaciones matriciales de socios de crecimiento

Cuando combinas socios de crecimiento geográfico con socios de crecimiento de unidades de negocio creas una organización neuronal que te aseguro que te va a dejar de necesitar. Los so-cios de crecimiento geográfico están incentivados por hacer más grande el negocio, mientras que los socios de unidades de negocio cuidan la rentabilidad de las diferentes unidades. Éste es un esquema en el que tienes a un líder cuidando cada flan-co del negocio. **Entre más grande sea tu matriz de socios de crecimiento, más poderosa será tu organización.**

El quid de la verdad (socios al fin)

Cambia tu mente. No son empleados. Son socios potenciales. Mira con atención alrededor de tu oficina. Varios de ellos no merecen el título de empleados. Merecen ser tus socios, y cuando lo entiendas y los reconozcas, gozarás de crecimiento exponencial.

El futuro de las organizaciones es uno en el que los líderes tienen la oportunidad de ser emprendedores, aun dentro del marco de la organización. Éstas son las organizaciones alineadas al futuro.

Para lograr lo anterior **necesitas que tu empresa se vuelva una incubadora de socios de crecimiento.** *No quieres empleados, sino socios. Incluso aquellos que son empleados deberán sentirse socios.*

Ahora, recuerda siempre que no vas a darles las llaves de la compañía y compartir legalmente una parte de tu empresa, sino que a partir de esquemas y estrategias originales (como mi fórmula que te compartí) generarás socios que aporten su talento a la empresa.

Al final, **crear socios es la estrategia de talento más poderosa que existe en el mundo del emprendimiento.**

La octava mentira:

Con publicidad lograrás que se dé
a conocer tu negocio. Es fácil

La verdad: Estamos en la era más "infoxicada" de la historia; captar la atención de la gente es muy difícil aun con recursos publicitarios y económicos

Quiero regresar un poco en el tiempo para darte la introducción a esta mentirota de las escuelas de negocio. En algún momento, en medio del crecimiento de mi empresa 4S Real Estate, llegó la hora de contratar a nuestro primer gerente de *marketing*. Para efectos de la historia, lo llamaré Pedro. Pedro había estudiado la carrera de mercadotecnia en una de las mejores universidades de México, y además había sido de los mejores promedios de su generación. Recién graduado, comenzó a trabajar en un corporativo reconocido, en donde obtuvo las bases necesarias para seguir adelante, así que luego de un tiempo estaba listo para su siguiente reto.

Pedro llegó con nosotros irradiando toda la energía del mundo. Tanta, que su actitud nos entusiasmó. Arrancó duro, y en sus primeros días nos pidió un par de meses para preparar el plan de *marketing* de la empresa, con el cual, aseguró, íbamos a exponenciar los resultados comerciales. Por supuesto, le dimos el beneficio de la duda. Le tomó un poco más de tiempo, pero casi tres meses después el plan estaba listo para despegar. En la junta de presentación vimos un trabajo de diseño gráfico impecable y una campaña de buen gusto. Era como estar presenciando una junta de la serie *Mad Men* en nuestra propia oficina. Los diseños venían con un presupuesto que para nuestra empresa representaba una gran inversión, pero todo se veía lógico y coincidía con la teoría publicitaria más avanzada —como solía repetir Pedro—. Así que, después de algunos ajustes menores de estilo, le dimos el banderazo de salida al proyecto (y al presupuesto). La campaña iniciaría semanas después. Todo iba a cambiar. ¡Nuestra empresa estaba por saltar al estrellato!

Me acuerdo de aquel lunes del lanzamiento cuando, en sincronía, varias publicaciones, periódicos y revistas especializadas mostrarían la campaña. Liberé mi agenda para celebrar la llegada de los primeros telefonazos de prospectos y responder cualquier duda ante la inminente y desbordante demanda de información que Pedro había anunciado. Sin embargo, no pasó. **Pasamos todo el lunes y el resto de esa semana sin una sola llamada**.

Tres semanas de silencio y millones de pesos de inversión después, recibí una carta formal en mi escritorio: la renuncia de Pedro. Según él, el resultado tan negativo se debió a un problema de la industria inmobiliaria, pues era muy caprichosa, y él prefería regresar a algo más tradicional, al mercado de consumo.

Ahora, años después, cuando paso tiempo con los emprendedores de mi comunidad y hablo con ellos, me doy cuenta de que todos pasamos por esta lección: al mundo no le importa lo que vendas y aun cuando gastes todos tus recursos en intentarlo, eres insignificante dentro de la **infoxicación** en la que nos ahogamos.

Claramente, el plan de Pedro no era el que necesitábamos como empresa en ese momento.

Los principios de *marketing* que se imparten en las escuelas de negocios no son congruentes con la dificultad de comunicar en el mundo posdigital en el que vivimos. Los presupuestos de las empresas en crecimiento no empatan con la teoría general que se publica en sus libros de texto, en sus capítulos de inversión y planes publicitarios. Esas reglas o enseñanzas sólo aplican para multinacionales con presupuestos exorbitantes. Nosotros (tú también), que estamos haciendo crecer nuestras empresas, debemos buscar un camino diferente.

Ante ese aislamiento, las empresas en crecimiento asumen que el mundo está construido para impedir que crezcan. Para que se queden chicas por siempre. Por eso **las empresas en crecimiento se hallan hundidas en la oscuridad**.

Y claro, la dificultad para comunicar cualquier producto en el mundo actual está subestimada en todos los textos de negocios, algunos porque son anticuados, otros más nuevos porque siguen viviendo en ese pasado del que quiero que te alejes. Este libro, por cierto, es un intento diferente, uno que **pretende cambiar tu visión por completo**.

Pero ¿cómo se volvió tan complicado el mundo?

Incluyo un extracto de mi libro *Halcones de venta* para ilustrar el punto:

> El de 1971 fue un año importante en la nueva realidad que hoy enfrentamos. Y es que, en ese año, Intel sacó a la venta el primer microprocesador, el 4004, que puede señalarse como un hito en la iniciación de la revolución tecnológica que nos envuelve. Pero además de eso, en ese año, el economista Herbert A. Simon publicó un trabajo de investigación profético sobre su visión del futuro. Y lo cito:

"Lo que la información consume es relativamente obvio: consume la atención de sus receptores. *Por lo mismo, la riqueza de información creará una pobreza de atención*".[1]

Esta frase podría reconocerse como la primera publicación formal sobre la economía de la atención. La investigación de Simon en la materia le valió el premio Nobel y hoy, décadas después de su publicación, por fin entendemos su visión de una **nueva economía**. Es una nueva economía en la que no existen las audiencias "cautivas" y en la que la promiscuidad intelectual es una constante. Los grandes retos a futuro serán: **atraer la atención, generar confianza e interés continuado**.

Todos entendemos que vivimos en la era de la información, información y más información. La encuentras en todos lados. Sin embargo, este fenómeno es imposible como base de una economía por una razón sencilla: **las economías se gobiernan por escasez**. Como ya habrás aterrizado, en el caso de la información no hay escasez, sino abundancia. Tanto que, en palabras de mi buen amigo Gustavo Ortolá, estamos *infoxicados* por la cantidad de contenido que recibimos todos los días por múltiples canales. Por si esto fuera poco, se ha facilitado muchísimo la distribución de contenido, lo que genera multiplicidad en los contenidos y acentúa el fenómeno.

Ahora bien, a partir de eso apareció un nuevo fenómeno que choca con el hecho de la exagerada cantidad de información: la falta de atención. Como bien desarrolló Goldhaber en 1997, **la atención es un recurso escaso**. Sabes que, frente a un re-

---

[1] Para ampliar esta información, te sugiero visitar http://www.javiervelilla.es/wordpress/2010/01/15/economia-de-la-atencion-la-abundancia-de-la-informacion-da-lugar-a-la-pobreza-de-la-atencion/.

curso limitado, siempre aparecerá un mercado que le dé valor a dicho recurso. Es por esto por lo que Goldhaber vaticinó la llegada de una nueva riqueza:

"Obtener atención es obtener un tipo de riqueza perdurable, una forma de riqueza que te pone en una posición privilegiada para obtener cualquier cosa de la que ofrece esta nueva economía."[2]

INFOXICACIÓN = OSCURIDAD
Hoy estamos en un mundo tan lleno de información, que nos movemos en la oscuridad.

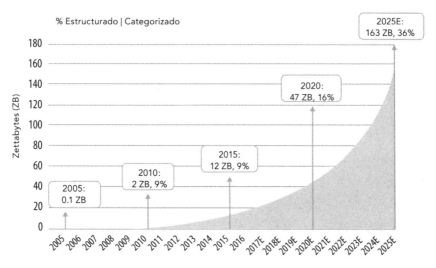

Información generada a escala internacional =
Se espera que continúe acelerando

---

[2] https://firstmonday.org/ojs/index.php/fm/article/view/519/440. (La traducción es mía.)

Falta atención y sobra información. Lo que aparece en la gráfica son zettabytes (todo el peso de internet [todo, en general] se mide en esta unidad, para que te des una idea). Sí. La población mundial no va creciendo al mismo ritmo que crece la cantidad de información disponible, ni siquiera hay ojos suficientes para consumir tanta información. Es demasiado ruido. Por eso, si haces cosas similares a los demás, sólo estarás metiéndole mucho más ruido a la misma gente.

¿Por qué es estratégica esta verdad?

No te asustes porque aunque la cantidad de información no se detenga y siga en aumento, no es motivo para huirle, sino todo lo contrario.

Dicho esto, agrego la pregunta: **¿cómo captar esa atención tan escasa con recursos limitados?**

Bien, tengo que modificar por completo tu visión de **influencia, *marketing* y comunicación.**

La nueva tesis de influencia

Este mundo infoxicado sería imposible de navegar si no existieran nuevas herramientas que nos ayudaran a lidiar con él. La realidad es que la comunicación digital ha generado el problema, pero, a la vez, ha facilitado también la creación y proliferación de herramientas para navegar por esa sobreoferta de información.

La respuesta, la posibilidad de navegación, está en crear *microconversaciones* a gran escala.

Se escucha como un pleonasmo, pero así es este mundo. Te explico.

Cuando hablo de microconversaciones quiero decir que, a diferencia del pasado, la comunicación se genera a partir de la **experimentación** y la determinación de lo que el mercado verdaderamente quiere. Tu experimento y la respuesta del mercado representan esto, microconversaciones cuyo fin es que el mercado te revele sus preferencias, gustos y necesidades.

Si echamos una mirada al pasado recordaremos que la estrategia comercial se definía en una junta entre directores. En esa reunión se opinaba sobre las propuestas del departamento de *marketing* y se definían los gustos y necesidades del mercado. Así era: **tres o cuatro directores sabían más que el mundo entero** y ellos definían el rumbo de la comunicación. En aquel entonces la información disponible era muy escasa y se tomaban decisiones con base en la intuición y experiencias por lo general cuantificables, pero nunca actualizadas. Bajo este modelo, el impacto de la comunicación quedaba en una caja negra: era imposible predecir o saber si el mercado aceptaría la campaña propuesta y si se lograría algún tipo de crecimiento.

Una incógnita. Una caja negra.

Te cuento mejor la manera en que debería suceder este proceso en el mundo de hoy.

Lo primero es que quites de en medio a los directores que creen saber lo que el mercado quiere. Luego, reconoce que en este mundo VICA (volátil, incierto, complejo, ambiguo) nadie sabe lo que el mercado querrá mañana. A veces ni hoy al final del día. Por lo tanto, la competencia más importante del equipo de comunicación de tu empresa no es su creatividad, sino su **capacidad de experimentación**.

El truco está en hacer *social listening* a partir de las microconversaciones con el mercado objetivo. En otras palabras, en lugar de lanzar una campaña de gran presupuesto, mejor será liberar cientos (o miles) de piezas de comunicación pequeñas en los diferentes canales digitales. Cada pieza deberá probar un ángulo diferente, frases diferentes, estilos diferentes. **Probar, probar, probar**. Cada pieza deberá salir con mínimo presupuesto y siempre con las herramientas tecnológicas a la mano para **escuchar** qué resuena más con el mercado. Luego, cuando detectes esta "veta de oro", habrás encontrado la fórmula para **capturar la atención** de tu público (justo lo que necesitas para salir de la oscuridad).

Para que me entiendas mejor te cuento acerca de mi estrategia de comunicación. De hecho, probablemente estés leyendo este libro porque ya me sigues en redes sociales, así que, de entrada, conoces mis videos. Nosotros lanzamos más de 10 al día y analizamos cómo responde la gente a cada uno. Al escuchar cuál conversación genera más respuesta y *engagement*, sabemos cómo y qué comunicar cuando queremos de verdad invertir presupuesto y cómo maximizar para que **la distribución la haga el mismo público**.

Ahora bien, ya que te enseñé a escuchar, necesito que aprendas a gritar. Aquí es donde estas microconversaciones se vuelven megáfonos de gran escala.

Esta **segunda parte de la verdad** es como un espectáculo de luciérnagas.

Recuerdo varias noches de mi infancia en las que iba con mi familia a alguna casa de campo, a ranchos, a espacios lejos de la ciudad. Cuando caía la noche cerrada de la campiña y algunos salíamos a jugar en medio de la oscuridad, veíamos que de repente se prendían algunas luces, puntos de luz que duraban uno o dos segundos, en diferentes lugares de la negrura. Unas más intensas que otras. Era fascinante ver una luciérnaga encenderse de pronto y desaparecer, para luego ver otra que brillaba y luego otras más. Bueno, así veo yo la comunicación viral. Somos luciérnagas ante la desgraciada oscuridad que nos quiere limitar.

Cuando liberas contenido digital que sabes que dará en el punto emocional del público (porque hiciste tu tarea de escuchar a escala), el siguiente reto es lograr que **el mismo público distribuya el contenido**. El diseño de los algoritmos en las redes acelera los gustos del mercado, oculta aquello que no les interesa ver y, en función de eso, te cobran como productor de contenido. En otras palabras, será carísimo llevar a escala una campaña que nadie empuja. Por otro lado, cuando hay gente compartiendo los contenidos el costo se reduce bastante.

Así es como se detona el **poder de la viralidad**. La viralidad es la verdadera forma de ganar influencia en la era posdigital.

¿Qué necesitas para regir tu contenido
por esta verdad?

RELEVANCIA, CONFIANZA, CONEXIÓN,
SORPRESA
AL MENOR COSTO.

La gente cree que volverse viral es un golpe de suerte, que se trata de decir la palabra correcta en el momento correcto. Nada más alejado de la verdad. De hecho, existe una ciencia detrás de la creación del contenido viral.[3]

✓ Aclaración importante: la razón por la que abogo y me especializo en **viralidad** es porque **es la forma más barata de llegar al mercado** (no porque me interese la fama). Ésta será una competencia fundamental para cualquier emprendedor en el largo plazo.

Por eso, hablemos de la ciencia de hacer viralidad.

Primero es necesario decir que la comunicación digital se hace sobre plataformas que funcionan con algoritmos que determinan cuáles contenidos les servirán a públicos específicos. A diferencia de la televisión, en donde se entregaba el mismo contenido a una masa inmensa de gente, hoy todos recibimos un *feed* diferente en nuestras redes sociales.

El algoritmo es una fórmula que se usa para determinar el contenido que aparecerá frente a tus ojos. El problema es que nadie entiende bien cómo funciona la viralidad, y si no entiendes cómo funciona, ¿cómo puedes jugar con ella y usarla para tu beneficio?

Para efectos didácticos vamos a pensar en Facebook. En un momento cualquiera que estés dentro de la red social de

[3] Te advierto que este texto no es un reporte detallado de análisis de los algoritmos. Cada plataforma cuenta con su algoritmo y cada algoritmo toma decenas de variables en consideración. Yo quiero lograr que tu mente entienda conceptualmente cómo navegar en este mundo de algoritmos.

Zuckerberg, ésta te tiene preparadas más de 1 000 piezas de contenido para tus ojos. Mil. Sólo para ti. Pero, por supuesto, no te muestra esa lluvia de contenido así de golpe, no es posible, te abrumarías. Por lo tanto, gracias a los algoritmos, selecciona un número determinado. Digamos que son de 15 a 30, algo que suena mucho más razonable, ¿no? Pero ¿por qué ésas? ¿Por qué no otras? Sobre eso estoy seguro de que has escuchado bastantes mitos y otras tantas mentiras.

Empecemos con una verdad sencilla: las plataformas (Face book, Instagram, Twitter, por ser las más importantes) **venden a sus anunciantes la atención** que han logrado capturar. Entre más atención tengan para ofrecerte, más materia prima tienen para vender. Por lo tanto, lo que quieren lograr los algoritmos es **tenerte el mayor tiempo posible dentro de la plataforma**. ¿Y cómo te tienen ahí? Apelan a tus emociones, claro. Los algoritmos, pues, buscan desplegar aquellas piezas que despiertan mayor **respuesta emocional** del público porque son las piezas que demuestran que a las personas les gustó el contenido y que desean ver más.

Así, Facebook se vale de algoritmos para determinar lo que la gente quiere. O busca. O desea. En general, qué los emociona, qué los mantiene enganchados a la red, a su página. Están optimizados para lograr un *engagement* emocional. Lo que genera emoción tiene a cualquiera más tiempo dentro de la red. Y claro, repito, el objetivo es que luego ellos pueden vender tu atención sobre ese contenido específico al mejor postor.

Quiero que entiendas que el algoritmo detecta cuáles son tus piezas "consentidas" para distribuirlas al máximo. Enterrará las piezas que no son buenas según tu criterio, haciendo imposible que las encuentres. Te las esconde. Por otro lado, esas piezas consentidas son los programas de televisión que te interesan y todo lo demás es la publicidad entre los cortes. Ahora, si logras que uno de tus videos se vuelva viral, significa que la gente impulsó tanto el contenido que el algoritmo lo tendrá separado del resto. Te habrás convertido en una de las **fuentes de emoción** y merecerás que tu contenido llegue a más gente.

Vas en camino a la viralidad.

Cuando entiendas esa diferencia te volverás un estudioso de cada plataforma, porque existen reglas específicas sobre cuáles son los contenidos que buscan los usuarios.

Ahora quiero que entiendas que no todos los mensajes que hagas llegarán a esta categoría, pero con que logres que una parte de ellos sea viral, tu posicionamiento se amplificará a un costo ridículamente inferior al de tu competencia. Adiós oscuridad, bienvenida la fama.

Así que, en resumen, todos los días nuestros contenidos entran en un *casting* para saber si merecen ser los elegidos, sólo que en lugar de un jurado de directivos de una televisora, el jurado es un algoritmo.

"Carlos, ¿qué me puedes decir para ayudar a que mis contenidos sean los elegidos?" Ésa es una pregunta que me hacen con frecuencia en conferencias y eventos. La respuesta es la misma que dije párrafos atrás: las piezas más virales son aquellas que despiertan una reacción emocional profunda. Tú tendrás que definir cómo y cuáles, según tu público, tu nicho o tu tribu.

Pero ¿qué quiero decir con respuesta emocional?

Cuando me ves en mis videos o publicaciones, cuando la gente ve que me enojo o los mando a todos a chingar su madre rompiendo sillas, estoy generando una respuesta emocional. La mitad estará de acuerdo conmigo, la otra mitad dirá que soy un tonto. Da igual. A final de cuentas el algoritmo no sabe qué reacción despierta en la gente, si es positiva, negativa, agresiva u otra. **A éste le importa la interacción.** El punto es que no estás acostumbrado a ver esos desplantes en videos relacionados con el tema que trato y por eso te despierta "algo".

No importa cuál es el contexto de la reacción:
el punto es disparar las emociones.

Por eso cada que aparezco frente a la cámara pretendo provocar una reacción con el contenido. Es todo. Que despierten. Un error clave que comete la mayoría de las empresas es la falta de un detonante, de algo que haga que explote el público en redes.

Modelos técnicos de la verdad

1) Genera impacto emocional

Seré más claro con el concepto de respuesta emocional. Piensa por un momento, ¿qué fue lo que te provocó que comentaras, compartieras y le dieras *like* a un contenido de redes que no era de tu familia o amigos? Es probable que hayas visto algo tan novedoso y que nunca habías visto, tanto que te inspiró a compartirlo. O quizá fue algo tan "humano" que sentiste que se te salía una lágrima. Bueno, éstos son los dos polos clave del impacto emocional. Lo muy humano y lo extraterrestre.

HUMANO - - - zona de la muerte - - - EXTRATERRESTRE

Lo **extraterrestre** es todo aquello que despierte una sorpresa, algo increíble, poco común, que por su condición de extravagante y, hasta cierto punto, desconocido para ti y quien se enfrente al contenido, sorprenda y mueva a la interacción. Lo bueno es que la gente casi no sale de su zona de confort, por lo que no es tan difícil que te perciban como extraterrestre. Un ejemplo que doy con frecuencia es el de una foto de un Lamborghini bañado en oro. Es un automóvil que vemos poco y todavía menos con esa pintura, por lo que sería un extraterrestre para mí. Si viera uno, incentivaría mi deseo de compartir y comentar.

Por otro lado, tenemos lo demasiado **humano**. Piensa en las emociones que nos hacen humanos, pero llevadas al extremo; es decir, ver a una persona vulnerable, en llanto, o bien muy feliz. La idea es moverle al público sus fibras más sensibles. Por eso los videos de bebés son tan poderosos. Recuerda el video de "Charlie bit my finger", uno de los más virales de todos los tiempos.

La palabra clave para mover lo demasiado humano es: conexión.

Los dos extremos son formas diferentes de fabricar comunicación viral. Ambas funcionan. Lo único peligroso es quedarse en medio, **en una zona que llamo de la muerte.** Los contenidos que no sean lo suficientemente extraterrestres o humanos desaparecerán entre la masa gris de contenidos.

A quienes trabajamos con medios digitales no nos importa la noticia, sino despertar la reacción emocional. Y es así porque nos importa que compren lo que vendemos y que compren lo que les interesa.

> Las personas buscan utilidad emocional
> y la pagan con su atención.

Entremos entonces en más detalles sobre este tema. Ahora que entiendes los extremos, pensemos en emociones específicas: **¿qué emoción quieres despertar?**

Me gusta hacer un experimento en mis talleres, que es el de pedirles a los asistentes que se pasen el celular con la persona de junto. Luego del escándalo inicial, lo desbloquean, dejan abierta una red social, y les pido que vean todo aquello que aparece en el *feed* de la otra persona. Al terminar la dinámica, tomo un par de voluntarios y les demuestro que puedo predecir lo que vieron. Con 95% de probabilidad, vieron alguna de estas cuatro cosas:

Belleza
Comedia
Inspiración
Utilidad práctica

Uno de los primeros textos técnicos de viralidad fue el del modelo de *share of emotion*. En este artículo de investigación se habló de que éstas eran las cuatro emociones más poderosas en las redes y que podían representar hasta 80% de las piezas virales en ciertas plataformas.[4]

¿Con cuál de éstas te gustaría conectar tu producto o servicio?

Por otro lado, sabes que me gustan los planos. Si conecto la línea horizontal de los extremos humano y extraterrestre con esta vertical, es posible identificar ocho oportunidades bien definidas para generar contenido viral.

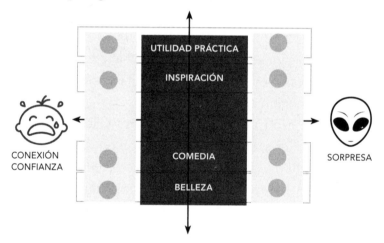

Este modelo podría ser más detallado si en lugar de usar sólo las cuatro emociones que enlisté arriba ponemos todas las del modelo de cartografía cultural de Buzzfeed. No quiero entrar a ese tema, pero sí quiero que abras los ojos para mostrarte su existencia, para que averigües más del tema si te interesa.

[4] Para ampliar el tema, te sugiero leer https://www.fastcompany.com/30 27699/how-our-brains-decide-what-we-share-online.

Cartografía cultural - Buzzfeed

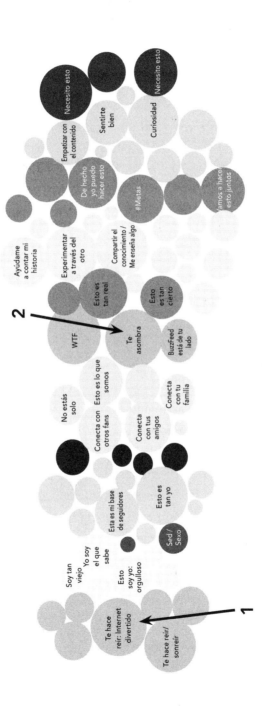

Cuando se habla de contenido viral existe una diferencia entre venderle al cliente final y a las empresas. Por supuesto, la generación de contenidos virales de quien vende al cliente final debe apelar a una gran cantidad de emociones para despertar reacciones en gente con diferentes intereses. De hecho, si tú tienes una empresa *business-to-business* deberías aspirar a que al menos 10% de tus contenidos sean virales.

Otro tema es cuando hablamos de *business-to-consumer*. En ese caso, entre 30 y 50% de las piezas deberán aspirar a ser virales. Quiero decir "aspirar" porque no todas se van a convertir en el golpe que buscas, pero si buscas un porcentaje que oscile entre ésos, es probable o más probable que lo logres.

Ésa es la base de la generación de comunicación viral.

Ahora sí, el secreto de la verdad.

2) Experimenta

No sólo es cosa de experimentar por experimentar, sino que es necesario hacerlo de forma constante y de medir resultados. La diferencia entre los medios digitales y los tradicionales es que, luego de armar y analizar los *focus groups* y estudios varios, igual lanzas una campaña tradicional con los ojos cerrados y, como dicen: "you hope for the best", más allá de las cantidades exorbitantes de dinero invertidas. Con todo eso, todavía se complica medir su efectividad. Si se cae, se cae. Pero como dije, **la publicidad en la fascinante era digital es prácticamente gratis**.

No sólo eso, porque con los medios digitales es posible publicarla, probarla y luego subirla de nuevo si es necesario. El concepto de prueba y error llega a otros niveles. Por ejemplo, si lanzas una pieza de contenido y es pésima, es posible que decepciones a tus seguidores. En la primera oportunidad no hay manera de saber cómo le va a ir. En eso sí se parece a la comunicación tradicional. Ahora, si pasa eso y la vuelves a publicar, el algoritmo te castiga. Sí, por poco inteligente. A eso no me refiero cuando hablo de probar una pieza de contenido.

Lo que tienes que hacer es soltar un *dark post*, es decir, una publicación que no va a tu *feed*, sino que es un experimento a un *target* específico. La produces, la segmentas y la lanzas con unos cuantos dólares de inversión para ver cómo reacciona la gente. Luego esperas. También es posible lanzar el mismo video, por ejemplo, con dos títulos diferentes, para saber cuál funciona mejor. Luego de esta prueba publicarás el más efectivo.

Lo que quiero que publiques en tus canales es aquello que haga a la gente reaccionar emocionalmente. Madrazos, que les saques 30 **orgasmos en 30 minutos**.[5] Quiero que logres que la gente busque una utilidad emocional contigo. Que te busque por eso. Y cuando quieras vender tu producto o servicio, lo hagas como un *dark post* y ataques sin publicarlo. ¡Pero primero debes darles viralidad!

Y es sencillo: piensa en que tu contenido viral es una carnada que avientas al océano digital, a la que van a llegar cardúmenes para devorarla, para entretenerse y, cuando menos lo esperen, vas a llegar con una red a llevártelos a todos. Así ganas. Pero entiende, por favor: **si no hay carnada, no tienes herramientas para trabajar.**

---

[5] Mira mi video: "Abre este video y gánate 30 orgasmos", en mi canal de YouTube.

> El costo de tu comunicación digital dependerá de tu capacidad para crear publicaciones virales.

Si no generas comunicación viral te saldrá muy caro. Por lo contrario, en el momento en que empieces a hacer contenidos virales, los medios tradicionales te quedarán cortos.

3) Genera contenido en micromomentos[6]

Debes enmarcar todo lo que acabo de explicar anteriormente en el contexto de la nueva velocidad de las plataformas. Los nuevos medios digitales exigen, además, que funciones de acuerdo con la nueva realidad de los micromomentos. Todo pasa rápido. A la velocidad de la luz. El tiempo asignado a cada pieza de contenido es mínimo. Esto es importantísimo tenerlo presente.

Ciencia de micro-momentos

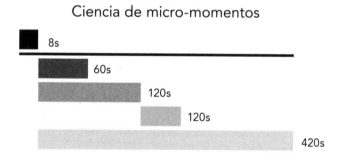

8s
60s
120s
120s
420s

Para lograr efectividad en micromomentos tienes que pensar en segundos. Olvídate de pensar en minutos de contenido, mídelo siempre en segundos. El público decide en ocho

---

[6] Busca el video "Micro-momentos" en mi canal de YouTube.

segundos si se queda viendo un contenido, y sólo le dedicará 60 a una publicación en Instagram, 120 en Facebook (180 si son tus seguidores) y 420 en YouTube.

Por eso yo sólo publico videos cortos y no conferencias, porque si lo hiciera el algoritmo me enterraría. Repito: **yo busco interacciones**.

Por ejemplo, las personas que me atacan en mis redes, todos aquellos que dicen que no sirvo para nada, que vendo humo, que mi contenido es vacío y demás, no han visto el resto de mis publicaciones, las empresas que he construido o los viajes que he realizado. Me juzgan por una pieza de microcontenido. Lo cierto es que si me juzgas por un video de 60 segundos, nunca verás la película completa. Por eso no me afectan esos comentarios. **No es que me odien, sólo que no pueden entender todo en tan corto tiempo**.

Ahora bien, cada plataforma tiene sus secretos, sus formas o, mejor dicho, sus claves.

Al momento de escribir este capítulo Facebook sigue siendo mi plataforma preferida, principalmente por una razón: la posibilidad y facilidad de **compartir contenido**. Quizá más adelante cambie, pero seguro será alguna plataforma con la misma posibilidad.

Sin embargo, entiendo que tu primer impulso sea el de subirte al barco de la plataforma más famosa al momento en que leas esto. Hoy es Instagram, mañana no sé. De todas maneras, plataformas como Instagram no te van a conseguir seguidores porque al menos ésa no está hecha para compartir contenido. Por eso, primero **forma tu comunidad**, junta un buen número de **seguidores**, y luego **llévatelos** a la plataforma que te guste.

4) Aprende a medir el alcance de tu contenido

Debes entender el uso de las redes sociales a partir de dos ejes: *shareability* y **alcance** (total y orgánico). Lo que quieres es que tu contenido se comparta (para que sea viral) y llegue a un mayor número de personas. Si tomamos en cuenta ambas, es fácil entender por qué sigo usando una plataforma que para muchos ha sido obsoleta.

Ya que Facebook es una plataforma construida para compartir, facilita la dispersión de mensajes. No quiero hablar tanto de sus detalles técnicos, sobre todo porque espero que este libro se mantenga vigente por muchos años, y quién sabe si Facebook siga siendo relevante en el largo plazo. Lo que sí te quiero decir es que "LA red social" es extremadamente útil también como plataforma de medición. Para mí es un termómetro que mide si el contenido realmente se volverá viral o si es otro experimento perdido. Para usarla así tienes que conocer el indicador más importante en esta nueva era de comunicación: el **índice de viralidad**.

El índice de viralidad es un indicador que determina la cantidad de personas —de cada 100— que comparten un video después de haberlo visto.

Para obtener el índice viralidad en Facebook es necesario seguir una fórmula:

$$IV = \frac{\#shares \times 100}{\#views}$$

Ésta es la clave para conquistar las redes. Un índice de viralidad alto significará dos cosas:

1. Que la gente quiere compartir el contenido y, por lo tanto, éste será premiado por el algoritmo.
2. Que el costo de distribución de la pieza baja porque el mismo público se está encargando de su dispersión.

Cada vez que queramos discutir si un video fue bueno o malo, no pensemos en lo que contiene. Mejor vayamos a los números. En mis cursos utilizo un ejemplo que es muy didáctico en esta materia. Comparo dos videos:

Video 1: 900 000 reproducciones, 5 000 *shares*
Video 2: 100 000 reproducciones, 2 000 *shares*

¿Cuál es mejor video? Casi siempre me responden que el video de 900 000 reproducciones, porque claramente fue más "poderoso". Sin embargo, la respuesta es que no, el mejor video es el segundo, porque tiene un índice de viralidad más alto.

El primer video tiene un IV de 0.5. El segundo, de 2. Es decir, de cada 100 personas que reprodujeron el primer video, dos lo compartieron. El primer video llego a más reproducciones porque fue pautado (con dinero fue que llegó a la distribución), pero en realidad el segundo es más poderoso porque más gente está dispuesta a distribuirlo sin costo.

Por cierto, como dato general (pero importante), el tope real del índice de viralidad es de 10, aunque nunca pasa de apenas la mitad. Yo me he topado con algunos videos con 4-5 de IV, pero suelen tratar temas religiosos.

Con este dato que te acabo de dar te he revelado que **la verdadera viralidad no existe**. Es decir, un contenido no puede llegar a todo el mundo de forma totalmente orgánica porque necesitaría índices de viralidad de 100. Lo que quiero es que entiendas que un buen índice de viralidad indica la disminución del costo y la maximización del impacto en esta era.

$$IV = 0\text{-}2$$
$$IV = 2.01 - 4$$
$$IV = 4.01 - +$$

Cuando uno de mis videos supera el 2 de índice de viralidad, en automático se vuelve candidato a que le invierta una pauta considerable. Si tuviera un video con más de 4 de índice de viralidad (no llego ni a tres en esta categoría), ése llevaría un presupuesto de inversión alto, porque el costo de su distribución es bajísimo.

El quid de la verdad

En este mundo "infoxicado" necesitamos un nuevo tipo de magia que nos salve de la oscuridad que está matando a nuestros emprendimientos. Esa magia es la viralidad. Aunque muchos creen que la viralidad es una casualidad, lo cierto es que es un nuevo tipo de comunicación e influencia basado en microexperimentación. Bajo este esquema de experimentos se logran cultivar las reacciones emocionales más fuertes con las cuales se adquiere la atención del mercado a costos inferiores de cualquier tipo de publicidad y, además, se logra distribución gratuita por parte de los algoritmos.

Esta verdad no es una estrategia para usar correctamente una plataforma en específico, sino más bien un modelo conceptual y una manera de abrirte los ojos para que veas la importancia de los algoritmos en la nueva era de la comunicación.

Ahora que entiendes todo esto, serás mucho más estratégico y te involucrarás más en este tema que parecía un asunto sólo para los especialistas de marketing.

La novena mentira:

Las ventas se concretan con manipulación y agresividad

La verdad: La nueva era de las ventas está basada en *valor, velocidad* y *tecnología*

Hace tiempo me topé con los resultados de una encuesta internacional que llevaron a cabo en Gallup.[1] En ella preguntaban por la confianza que generan varias decenas de profesiones, las más conocidas, o bien, reconocidas por la gente en general. La peor de todas las profesiones fue la de político. Ésa quedó ubicada en el último lugar de confianza. Aunque son los políticos los encargados de darle rumbo a un país y, en teoría, nuestro futuro depende (de nuevo, "en teoría") de sus decisiones, el bajo nivel de confianza que provocan en la gente no es novedad. Lo que sí resultó novedad para mí fue que en penúltimo lugar de la encuesta se hallaron nada más y nada menos que los **vendedores**. El mundo odia a los vendedores del presente.

Ese odio asqueroso que les tenemos a los vendedores tiene que ver con la escuela de ventas de la que surgieron. Y con las mentiras que le han contado a todo aquel que aspira a vender como estilo de vida.

Esta sencilla verdad —odiamos que nos vendan— me inspiró a escribir un libro[2] para detallar una nueva metodología de ventas, la cual para mí es la nueva verdad en el mundo de las ventas.

---

[1] https://news.gallup.com/poll/1654/honesty-ethics-professions.aspx.
[2] *Halcones de ventas*, Bienes Raíces Ediciones, Buenos Aires, 2018.

Pero ¿de dónde venimos?

Por lo general, quienes siguen viviendo en la mentira tienden a esperar la llegada de un prospecto, alguien que les toque la puerta, y esperan que, además, llegue listo para comprar (*sales ready* es el concepto que se ha popularizado en la literatura estadounidense). Ese prospecto también llega sin información y con "debilidades mentales", las cuales son el punto de partida para una venta agresiva y manipuladora. Si logramos manipular, con un carácter fuerte, a ese prospecto que llega preparado para comprar, podemos cerrar la venta inmediatamente.

Los datos de hoy dicen otra cosa. El primero en publicarlo fue Chet Homes, quien detalló la disposición de compra en esta era digital: solo 3% de la gente está activamente buscando comprar y 7% está abierta a escuchar sobre el tema. En otras palabras, 90% de la población del mismo segmento meta no está lista para comprar y no quiere ser manipulada para ello.

Puedes aplicar toda tu agresividad de perro, tiburón y habilidades de neuromamadas y aun así sólo podrás hacer el intento de vender al 10% de la gente. Ahí está el talón de Aquiles de los vendedores chapados a la antigua, porque, por otro lado, cuando ven que un prospecto no está listo, que duda o que quizá sólo sintió curiosidad, lo descartan inmediatamente y bajan su nivel de atención e interés en el proceso. A ver si con esta información vamos cambiando de estrategia

En la nueva escuela de las ventas no hay espacio para la mentira, la manipulación y el engaño.

Llegó la hora de la **velocidad**, el **valor** y la **tecnología**.

Es decir, si el mundo odia a los vendedores del presente (que son los mismos que en el pasado), tu trabajo será convertirte en un **vendedor del futuro**, veloz, valiente y experto en tecnología. Para serlo tendrás que entender al cliente del futuro e implementar una nueva metodología de ventas.

Pero antes de centrarnos en la figura del vendedor es necesario arrancar con el nuevo cliente. Quiero empezar con las **principales características de este nuevo cliente** para etiquetarlas e identificarlas desde ahora como rasgos de un cuerpo.

Así es este espécimen:

1. Vive en un mundo 24/7 y siempre, invariablemente, está **conectado**.
2. Disfruta de un acceso ilimitado a todo tipo de información (es un ser **superinformado**).
3. **Desconfía de la publicidad** tradicional y busca evadirla con las herramientas que le otorga la tecnología.
4. Espera ofertas y beneficios, "cosas" gratis.
5. Quiere la seguridad de pagar el precio correcto.
6. Busca una comunicación inmediata vía el canal de su preferencia. Necesita sentirse **escuchado**.
7. Ha sido "empoderado" por la comunicación digital, así que es consciente del poder de su voz. Está dispuesto a desacreditar las malas ofertas y a promover aquellas marcas y empresas que le ofrezcan experiencias memorables.
8. Espera comunicación educacional, de valor. Odia la venta dura y manipuladora.
9. Espera, además, una oferta **hiperpersonal**.

10. Está abierto a escuchar propuestas con valor nuevo; su lealtad y fidelidad hacia las marcas es mucho menor.
11. Completará entre 30-60% del proceso de compra de un producto sin que el vendedor se entere y sin tomar compromiso alguno.
12. Experimenta un comercio sin fronteras.

¿POR QUÉ ES ESTRATÉGICA ESTA VERDAD?

Porque cuando puedas entender las **realidades** del nuevo cliente sabrás por qué es necesario un nuevo modelo de ventas y, por lo tanto, un nuevo perfil de vendedor. Sabrás, también, que al nuevo cliente no le gusta ni le interesa que le mientas o te comportes como manipulador. **El nuevo cliente sabe lo que quiere y no te necesita.**

De hecho, ésa es otra mentira que te han dicho en la escuela de negocios y, por ende, de la vieja escuela de las ventas: el cliente no sabe lo que quiere y tú le vas a decir qué necesita.

Con esta verdad te invito a que te acerques a la idea que propuse del halcón de ventas, el modelo que da cara a la nueva escuela de las ventas.

¿QUÉ NECESITAS PARA REGIR TUS VENTAS POR ESTA VERDAD?

Centrarte en tu cliente, en lo que quiere, acompañarlo en su proceso de compra y generar una relación a largo plazo. Olvídate de las premisas de las ventas de antaño. Ahora debes apoyarte en todas las posibilidades que te brinda la tecnología para generar contenido para llegar a este cliente, el del futuro, para saber cómo hacerlo, cómo formar tu tribu y realizar su seguimiento, y, sobre todo, cómo aportar valor para generarle una experiencia. ¿No sabes cómo lograr todo esto? Ahora comienzo a explicártelo.

MODELOS TÉCNICOS DE LA VERDAD

La idea de los halcones de venta se sustenta en una metodología que funciona a partir de muchas ideas (como las de **velocidad**, **valor** y **tecnología**) que deben integrarse para hacerla funcionar con mucha armonía. Piénsala como la maquinaria de un reloj que se compone de múltiples partes.

La metodología de la que hablo recibe el nombre de 4S, pues así la bautizamos en mi empresa, 4S Real Estate. *Strategic and Systematic Sales Supervision.*

El perfil del vendedor del futuro: el halcón de ventas

La metodología puede entenderse también como un conjunto de fuerzas, o como una ciencia, una forma de operar. Decidimos ordenar las 4S de manera que te permitan entender mejor la metodología.

1) *Strategy*

No me gusta que la palabra **estrategia** se haya usado tanto en el mundo de los negocios porque ha perdido prestigio. Pero en ventas la estrategia debe limitarse a dos cosas: cómo construir una audiencia y cómo activarla. Los medios digitales hoy permiten que existan comunidades activas, lo cual abre el canal de comunicación con el mercado. Para esto creamos el sistema V3, que es la columna vertebral de la respuesta. V3 significa: viral, valor, venta. Habla específicamente de que todos los vendedores deben convertirse en creadores de contenido. Pero no cualquier contenido, contenido específico. Deben buscar crear contenido viral (como vimos en el capítulo anterior), pero también deben generar contenido de valor para su tribu. Este tipo de contenido es el más importante porque debe resolver problemas de forma gratuita. Si conoces mis videos en redes sociales, sabes a lo que me refiero, si no, te invito a que los veas. Nosotros resolvemos problemas sin costo y es así como generamos comunidad. La comunidad se prepara para que ahora sí puedas venderle algo con el contenido V3.

2) *Sales technique*

Si ya definiste la estrategia que usarás, será necesario implementar una **técnica** de ventas. Deberás aterrizar la idea de ventas que tienes en la cabeza, que sucede cuando efectivamente se ha acercado el comprador y lo tienes frente a ti. La metodología, en ese sentido, habla de la transformación de los procesos de venta a experiencias de venta. Este nuevo enfoque de crear momentos memorables trata de ser la base para construcción de relaciones a largo plazo. En la venta del futuro, el embudo vertical que buscaba "transaccionar" con sus clientes no va a funcionar. En cambio, se busca un nuevo proceso de ventas que premia el largo plazo, en donde el "cierre" se logra a través de ir impulsando compromisos progresivos de parte del comprador.

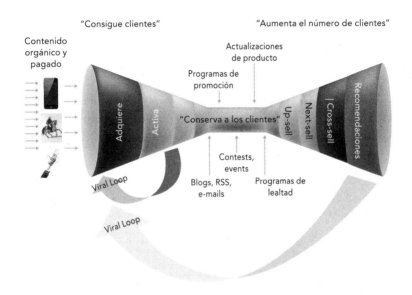

3) *System*

Los pasos anteriores son la antesala para lo verdaderamente transformacional de halcones de ventas en este mundo: tenemos que lograr la incorporación de la tecnología a todo el proceso de ventas.

En ese sentido estamos entrando a la era en que la inteligencia artificial se convertirá en la herramienta más importante en ventas. Por eso la metodología de halcones te aporta las herramientas para que la totalidad del seguimiento al cliente se haga de forma automatizada, lo cual garantiza una nueva "perfección" en el seguimiento y maximiza la preparación de contactos listos para comprar hacia el largo plazo.

4) *Supervision*

Al final de cuentas, la labor de ventas sigue siendo una labor profundamente humana. Por ello la metodología cierra reiterando que los equipos con mejores resultados son aquellos en donde se libera el potencial humano. Para lograrlo hay que entender que la mayor parte del trabajo es de *mindset*, por lo que los nuevos gerentes de ventas deberán de olvidarse de las labores de control para convertirse en *coaches* de sus equipos de venta. *Coaches* en organizaciones sin jerarquías, horizontales, como ya lo vimos.

VELOCIDAD, VALOR Y TECNOLOGÍA

Estos tres conceptos deben aplicarse en la nueva era de las ventas. **Velocidad** en el seguimiento de una venta, aportación de **valor** y uso de la **tecnología** para esos fines.

Las ventas, como dije, no son un proceso agresivo, sino más bien un proceso en conjunto que depende de estos tres elementos.

Velocidad

En este mundo acelerado nuestros prospectos, es decir, los nuevos clientes, esperan **velocidad** de atención y perfección. Por eso hace tiempo lancé el reto de un minuto, en el que les pedí a mis seguidores que vieran por ellos mismos cómo estábamos respondiendo mi equipo y yo a cualquier asunto, duda o inquietud dentro de mis redes en, repito, menos de un minuto. Cuando respondes a la comunicación en redes en menos de un minuto **tienes 391% más de posibilidades de cerrar una venta**. Claro, recibimos una gran cantidad de mensajes y ni yo junto con todo mi equipo pudimos darnos abasto y cumplir con el minuto de respuesta. Por supuesto, me cuestionaron por qué iba a hablar yo de la respuesta veloz si yo mismo no la cumplía… Y tenían razón.

Si dentro de tu plan de *marketing* manejas campañas de contenido, con cada imagen, video o publicación vas a provocar que se empiece a generar comunicación y que la gente escriba y te deje datos. Claro, **si esto se resuelve manualmente, toma una eternidad** y más si tus seguidores interactúan fuera de horario de oficina. La velocidad se resolverá sólo a partir del uso de la inteligencia artificial en la gestión comercial. En el futuro cercano todas las herramientas de comunicación con los prospectos incluirán soportes de inteligencia artificial para generar seguimientos automatizados.

Valor

Se acabó la era de "venderles hielo a los esquimales". Como dije, el cliente de hoy ya no tolera el modelo de los vendedores "perros", de los tiburones o de cualquier agresor desalmado. Hay que separarse. No estar pegado a él. Aclaro que ser más distante en el proceso no significa estar ausente, **significa ayudar durante el proceso**. Dar **valor** antes de recibir. No dictar, forzar o empujar.

En el mundo de hoy **el secreto está en convertir al cliente en su propio vendedor** y al vendedor en su gerente de ventas.

A ver si me explico: la labor de convencimiento ya no depende de un empleado, de la marca o empresa con camisa polo y el logo bordado en el pecho, porque ese mismo trabajo lo hará el cliente al investigar y comparar.

Cuando un cliente es su propio vendedor, se reinterpreta la creación de valor comercial (¿por qué vale lo que vale este producto?, ¿por qué voy a pagar lo que me piden?) y aparecen las grandes oportunidades de venta. El trabajo del vendedor, como dice Patrick Maes en su libro *Disruptive Selling*,[3] es **acompañar al cliente en su proceso de compra**, hacerle sentir que está listo para responder cualquier duda —pero nunca convencerlo de nada— o incluso para presentar información adicional que agregue valor.

Es, básicamente, un proceso orientado al cliente. Visto así, el acto del *selling* o "vender" no existe como tal, o no debería, pues hemos entrado a la era del *selping* (del inglés, término acuñado por Patrick Maes que es una mezcla de *selling* y *helping*, "vender" y "ayudar"). Otro término que se ha utilizado para esta era es *unselling*. Aunque este último haría referencia a NO vender, o más bien, vender sin vender.

Tecnología

La **tecnología** se mueve más rápido que nosotros mismos. El nuevo sistema de ventas disruptivas exige que el proceso comercial de cualquier compañía utilice todo recurso tecnológico posible para mejorar la respuesta a las necesidades del nuevo cliente, sobre el que ya te comenté.

[3] Kogan Pages, Londres, 2018.

La tecnología debe ser el punto de origen de los prospectos, la fuente de contactos y *leads*.[4] En el mundo del pasado, ese de hojas de Excel y maletines Samsonite cuadrados en el que algunos todavía viven encerrados, era difícil que esto sucediera, pues los *leads* llegaban por medios tradicionales y, por lo tanto, implicaban formas tradicionales de contacto. Los clientes antes hablaban por teléfono o se aparecían frente a un vendedor, pero en el mundo digital de hoy los prospectos interactúan con la empresa primero en el universo digital).

En el nuevo mundo de las ventas no hay espacio para quienes no potencialicen su talento con la fuerza de la tecnología.

Si la tecnología es **el origen del proceso comercial**, entonces será sencillo mantener a los vendedores en línea con la visión de soporte tecnológico. Eso debes tenerlo bien claro.

Mentalidad

El deporte de las ventas es más mental que estratégico. Carlos Alcántara, mi entrenador personal, suele decir que **de la inmovilidad necesitamos una explosión**, una energía que nos lleve a la motivación, al movimiento. Pero si dependemos de dicha motivación externa para impulsarnos, entonces la motivación no está siendo útil, sino más bien nos mantiene

---

[4] Se llama así a las personas que por algún canal de comunicación han brindado sus datos a la empresa para que pueda contactarlas.

como seres dependientes. **Lo que realmente requerimos es la automotivación.** Para hallarla necesitas disciplinadores, no motivadores. Digo esto porque quiero que aprendas a reprogramar tu mente. El juego por el que estabas a punto de ir a enfrentarte con el mundo en realidad es un juego intelectual que requiere de una fortaleza impresionante.

Asegúrate de estar motivado cuando inicies los trabajos de la metodología que resumí arriba porque, ahora que conoces la verdad sobre las ventas, que has desechado la mentira de la agresividad, vas a visualizar su futuro.

El futuro de las ventas

En los cursos que imparto suelo decir que esta metodología se halla apenas en modo beta. Los ingenieros en sistemas utilizan el término *beta[5] para referirse a un programa de software que ha llegado al punto de poder utilizarse y funcionar, de lanzar resultados positivos, pero que de ninguna forma se puede considerar terminado o perfecto. Es un proceso de creación constante. Sin embargo, si bien está en estadio de prueba o perfeccionamiento, para los desarrolladores de sistemas es importante que los usuarios interactúen con él para que esa evolución que tendrá (que será infinita) esté guiada por lo que se detecta en el uso concreto.*

Para mí, **la metodología 4S y la visión del halcón de ventas hoy están en beta.** Quedan todavía muchas incógnitas sobre el lugar en el que estamos y hacia dónde iremos, y esto

---

[5] Beta es la segunda letra del alfabeto griego, y como es la segunda etapa del desarrollo de un software se bautiza así, porque la primera recibe el nombre de "alfa", primera letra del mismo alfabeto.

es lo primero que debes de tomar en cuenta. Para cuando este libro salga de la imprenta habremos avanzado ya. Pero no por eso la metodología pierde relevancia, porque la debes entender como un marco conceptual para educar tu mente sobre cómo pensar en las ventas. Habiendo dejado claro eso, quiero insistirte en 10 puntos clave sobre ese futuro:

1. **Las ventas seguirán siendo *artecnología*.** Quien entienda esto se dedicará incansablemente a estudiar a los artistas más sofisticados y a implementar los sistemas más avanzados, siempre con la idea de multiplicar su talento a través del procesamiento artificial. En muy poco tiempo veremos aparecer, como soluciones comerciales, una enorme cantidad de herramientas tecnológicas, por lo que el halcón de las ventas siempre deberá estar a la caza de esas herramientas para sumarlas a su bagaje de artista.

2. **Desde el ángulo tecnológico, la inteligencia artificial goza de la capacidad de aportar eficiencia y amplificar las capacidades de la gente en los procesos de *marketing*, ventas y atención al cliente.** Aquellas empresas que utilicen la inteligencia artificial (IA) en sus procesos jugarán en otro tablero, en otra liga, y observarán resultados extraordinarios mientras la inteligencia artificial siga sin penetrar en la mayor parte del mercado. El uso de la inteligencia artificial permitirá mover a los humanos a procesos de mayor valor creativo. Veremos, en muy poco tiempo, cómo las herramientas disponibles de IA se multiplican y se vuelven parte ubicua de nuestra vida.

3. **Los datos serán el oro del futuro**. Conforme el procesamiento de datos se va volviendo más sencillo y económico, contar con flujos de datos de insumo será fundamental para aprovechar las potencialidades de la inteligencia artificial y el *machine learning*. Una *startup* llamada 6sense, por ejemplo, ofrece un software que compacta enormes cantidades de datos para determinar el horario ideal para mandar un correo y perfilar cierto contenido. A más datos, mejores resultados. Si hoy estás a ciegas en este tema, empieza a sembrar. En el futuro esos datos serán tu impulso.

4. **Entrarán más actores al juego de la tecnología**. En la medida en que más objetos puedan generar datos, como todos los objetos inteligentes que tendremos en nuestra vida, se abrirán mayores oportunidades para recabar datos e instrumentar tácticas de ventas. En el futuro, la omnicanalidad[6] irá hasta el punto de cientos de intervenciones automatizadas vinculadas con tu visión estratégica de las ventas. Así podremos llevar nuestro contenido hasta la cocina de los clientes, siempre y cuando tengamos la visión del halcón preparada para este momento.

5. **Veremos una importancia acentuada en las ventas, crecimiento y *marketing***. En esta nueva era de los negocios (que, como te comenté, yo bauticé como "radi-calidad disruptiva") se privilegia el crecimiento sobre la rentabilidad, causando una nueva

---

[6] Se llama así a la interrelación de todos los canales de atención al cliente que tiene una empresa, para lograr una comunicación coherente.

organización exponencial que se hace más agresiva. En un mercado de capitales que premia el crecimiento sobre la rentabilidad, el secreto del juego es crear una máquina de escalabilidad extrema. Amazon operó con pérdidas más de una década y nunca cesó su apetito por el mercado de capitales, porque la rentabilidad es una variable de la era anterior. Ante este fenómeno, buscaremos acelerar el vuelo de las ventas.

6. **Las ventas tendían a ser mal percibidas, como una forma de ataque, más que de ayuda.** En el futuro de las ventas veo una división de escuelas. Por un lado, algunos vendedores de la vieja escuela, histórica, que mantendrán sus tácticas de agresividad y manipulación por delante; por el otro, los halcones que se podrán identificar claramente con un propósito de aportar valor a su mundo. Poco a poco crecerá la noción del vendedor como generador de valor en el mercado.

7. **Los vendedores son las personas que están más cerca de convertirse en emprendedores, porque ya dieron un paso en el ataque a sus miedos, ya saben lo que significa enfrentar el mercado.** En ese sentido, en el futuro de las ventas veremos enorme rotación en aquellas empresas que no permitan la generación de emprendedores dentro de sus muros. Todas aquellas limitantes a su libertad serán cada vez peor evaluadas. En el futuro la única organización de ventas que florecerá será la que permita libertad absoluta en el contexto de una organización neuronal. Oportunidad por encima de estabilidad.

8. **El valor de construir relaciones sustanciales con una comunidad incrementará fuertemente de valor en los años por venir**, por lo que se premiará a las organizaciones que sean honestas, abiertas y cuiden a sus comunidades, superusuarios y sus datos. Se castigará fuertemente, a nivel reputación, a cualquier organización que atente en contra de datos, privacidad, etcétera.

9. **En el pasado la motivación en muchas empresas era simplemente la paga**. Hoy no basta con eso: las organizaciones que se muevan hacia el futuro se impulsan con un propósito poderoso. Con miras al futuro, el propósito se vuelve un hilo conductor de fondo que no solamente gobierna las prácticas y procesos organizacionales, sino que, además, fomenta un trabajo más intenso de sus colaboradores.

10. **Desaparece por completo la escuela de la negociación agresiva, de quienes concretaban ventas por medio de la manipulación y de todos aquellos que busquen técnicas para crear falsos motivadores de venta, sin importar qué ciencia está detrás de ellos.** Este punto es quizá el que más espero del futuro, un futuro en que renovemos la percepción del vendedor en el mundo. Adiós a los vendedores perros, tiburones y las neuromamadas. Adiós a quienes venden como violadores.

No planteo esta lista como un compendio completo, sino simplemente como un platillo para abrir tu paladar hacia el futuro. Aprende a desprenderte rápido del presente y a olfatear siempre las microtendencias que mueven al mundo. **Aprende** a tener más hambre hacia el futuro y seguir creciendo personal e intelectualmente. Con esa visión, estoy seguro de que no perderás la brújula para moverte de rumbo al futuro de las ventas. Ésos serán tus ojos de halcón que te abrirán a descubrir más verdades como ésta.

El quid de la verdad

Hace tiempo te decían que vendedor era sinónimo de tiburón, perro o cualquier animal salvaje que, sin pensar, por mero reflejo, corre a despellejar a su víctima. Sin piedad. Eso quería decir que los prospectos de clientes eran la presa y que lo ideal era atacarlos sin que lo vieran venir y aniquilarlos.

Hoy esa idea suena y es tremendamente obsoleta.

Esos días quedaron atrás, esa mentira ya nadie la cree. De hecho, la gente odia a la figura del vendedor por agresiva y por invasiva. Hoy vivimos en una época en la que las ventas son procesos en conjunto (vendedor-cliente) que dependen de la velocidad de respuesta del comercio y su representante, del valor que agreguen durante alguna de las fases del proceso de ventas y del uso de la tecnología para satisfacer al cliente.

La décima mentira:

Para globalizarte necesitas mucho dinero

La verdad: La globalización es un proceso práctico para el que no necesitas una gran inversión

Siempre quise tener una empresa internacional. No sé por qué, pero esa palabra, *internacional*, hacía un eco terrible en mi cabeza. Me sentía un poco como Cristóbal Colón, con hambre de ir a conocer territorios nuevos. Sin embargo, cada vez que mencionaba esto a maestros, amigos y consultores, la respuesta era: "¿Para qué ir a otros países si no te has acabado el primero?" Y esa creencia limitante bastó para mantenernos, por error, sólo en México de 2004 a 2009. Hasta que me olvidé de eso y empecé a recorrer el mundo.

Déjame explicarte algo que aprendí después de haber abierto personalmente oficinas en 18 países: la primera rebanada del pastel de un nuevo mercado es la más fácil de conseguir. Sobre todo si a quien le vas a vender tu producto quiere comprarte. Gary Vaynerchuck se ha cansado de repetir "don't sell the unsellable". Olvídate de venderle a quien no quiere comprarte, esto es, a mercados que no te buscan, ni al tuyo mismo si el área de la que te has apropiado ya no da para más. Yo no lo hago. Es una total pérdida de tiempo.

Por otro lado, aquel que quiere tu producto o servicio lo va a comprar sin importar su posición geográfica, le importa que su set de preferencias sea compatible con tu propuesta de valor. Si haces tu tarea y sabes en dónde está tu público, vas a llegar a ese sitio del mercado y te harás de un espacio muy fácil. No te limites. Las herramientas digitales hoy hacen que los negocios sean fáciles de globalizar.

Déjame contarte una anécdota:

Mi empresa de *real estate* arrancó en Monterrey, México. Es ahí en donde está ubicada la oficina central que controla los negocios y nuestras oficinas regionales en 18 países. Por lo tanto, hemos concretado proyectos en toda Latinoamérica y hasta en España. Sin embargo, en el piso de arriba de nuestra oficina central tenemos al "hueso más duro de roer".

A unos metros sobre nuestras cabezas opera una desarrolladora inmobiliaria a la que le va muy bien. Un día me encontré al dueño en el elevador. "¿A qué se dedican?", le pregunté. "Somos desarrolladores inmobiliarios." "Ah, qué curioso, nosotros somos la empresa de consultoría inmobiliaria más importante del continente, seguro podemos ayudarlos en algo, vecino."

Días después de ese encuentro casual, tuvimos una cita formal para presentar nuestros servicios. Pasaron semanas y jamás nos contrataron.

En ese mismo tiempo recibimos una llamada para apoyar un proyecto en Montevideo, Uruguay. ¿Cómo un cliente que estaba a miles de kilómetros requería de nuestra ayuda y otro que estaba a 20 pasos no?

> La presencia de tu empresa en varios países te vuelve inmune a los ciclos y a las situaciones locales.

¿POR QUÉ ES ESTRATÉGICA ESTA VERDAD?

Porque implica entender que el no disponer de grandes cantidades de dinero no es un límite real para tu expansión a nivel internacional. El límite es la falta de creatividad y de experimentación para encontrar un modelo que, con los recursos disponibles, te permita expandirte por el mundo de manera inteligente y planificada. Yo busqué opciones posibles, me asesoré con los mejores, y te contaré cómo logramos estar presentes en 18 países.

¿Qué necesitas para hacer crecer tu empresa con esta verdad?

Para diversificar tus mercados de verdad necesitas tener un *mindset* global, y para conseguirlo es obligatorio que conozcas la prueba de la rata, el "RAT test" (por *relevant*, *appropiable*, *transferable*), de MicKinsey. La prueba consta de tres preguntas base en las que deberás entenderte bien a ti y tu contexto antes de salir a venderte.

1. ¿Las capacidades que desarrollé en mi mercado de origen son relevantes en el mercado meta?
2. Si implemento esas capacidades en un mercado extranjero, nuevo, ¿serían apropiables? Es decir, ¿podría alguien copiarlas? ¿Los clientes entenderían el valor de mi propuesta atribuyéndole ese valor a mi marca?
3. ¿Son las capacidades transferibles a otras geografías? Es decir, ¿con mi empresa puedo mantener las capacidades sin sacrificar valor y capturar el potencial?

Si tu negocio "pasa" la prueba, está preparado para crecer en ventas a partir de la diversificación geográfica.

Ahora bien, por supuesto que parte del *mindset* incluye una disposición de tu parte de salir de tu zona de confort (y física), de tus dos cuadras.[7]

Dicho de forma más sencilla: **es más fácil hacer crecer tu negocio si diversificas geográficamente**, a que si sigues como necio taladrando el mismo mercado en el que te encuentras.

Cuando nosotros empezamos a internacionalizarnos operábamos desde México todos los proyectos y pronto pensamos que nuestros servicios no eran transferibles. Es decir, que era muy problemático operar a tanta distancia una consultoría como la nuestra. Hicimos una reingeniería completa (en la que surgieron los socios regionales de los que hablamos en otra mentira) y entonces sí estábamos listos para conquistar los países de habla hispana.

MODELOS TÉCNICOS DE LA VERDAD

Los cinco niveles

Puedo adivinar la pregunta obligada que te estás haciendo. Seguro leíste los párrafos anteriores y pensaste: "Sí, yo tengo todo eso, ya pasé la prueba, quiero y necesito salir de las 'dos cuadras'. La pregunta es: ¿cómo me globalizo? ¿Cómo me internacionalizo?"

---

[7] Te invito a ver mi video "Descubrí un mundo lejos de mis dos cuadras" en mi canal de YouTube.

Existen cinco niveles para internacionalizar tu negocio:

1. Importaciones y exportaciones
2. Licenciamientos
3. Franquicia
4. *Joint venture*
5. Inversión directa

Entre más cerca del número uno te encuentres, más fácil será el proceso de internacionalización. Entre más alejado, más difícil.

En el primer nivel, el de **importación y exportación**, es sencillo porque la empresa no se va a ningún lado, sino que mueve sus productos del mercado original hacia fuera y al revés. Éstos son los que van y vienen, no el negocio. El segundo nivel, el de **licenciamiento** (en el que yo me muevo), trata de permitir usar tu marca o tu nombre en otras geografías que, por supuesto, te traen beneficios porque tus licenciatarios serán expertos en la zona en que se muevan, pero también porque vuelve posible una presencia inmediata en otro mercado. A partir de ahí, se va poniendo más complicado, porque las **franquicias** son algo así como una camisa de fuerza: aquí el dueño o dueña invierten una cantidad de dinero que los obligará a cumplir con las condiciones de tu marca, cuando en realidad los mercados necesitan flexibilidad. En el cuarto nivel entendemos que el negocio original se **asocia** con un inversionista local para levantar el negocio en la nueva geografía. Por último, hablamos de una **inversión directa** porque eres tú, como empresa, quien invierte el total para levantar la empresa en el mercado destino. Control total.

Como podrás ver, cada nivel se va volviendo más complejo, principalmente porque exigen mayor inversión. Si partimos de la idea de que las pequeñas y medianas empresas no tienen dinero, entre más necesites conseguir, más trabas aparecen y más lejana se siente la idea de la internacionalización.

Una de las mentiras, o hasta podría llamarla cuento de hadas, que venden en las escuelas de negocios es decir que tienes que llegar como una trasnacional a invertir directamente en el mercado, plantarte con autoridad y empezar a operar. Es el sueño que te venden, que les compras y que, como no tienes dinero (porque si fueras una trasnacional no estarías leyendo este libro), te lleva a darles la razón en su mentira. Para globalizarme necesito mucho dinero.

¿Ves cómo sí compras las mentiras de las escuelas de negocios?

Lo más fácil para ti, como lo fue para mí, es buscar apoyarte en los modelos de globalización más prácticos que, en este caso, son los más livianos. Así que, en la medida en que consideres los modelos más complejos (o pesados), se te va a volver más difícil siquiera concebir la idea de la globalización.

Lo más fácil de exportar es tu *know-how*.

Es una idea que me interesa que tengas clara en lo que sigues leyendo. Quizá vendas productos físicos, pero ése no debe ser un freno para tu globalización (sobre todo por los costos y aranceles). Es decir, incluso si lo tuyo es vender productos, deberías pensar en tu internacionalización a partir de la exportación del conocimiento de tu empresa y la forma de operar.

¿Cuál sería la manera más sencilla de lograr que tu producto se venda en otras latitudes?

El valor se halla en tu modelo de negocio.

¿A DÓNDE IR?

Asumiré que, luego de leer lo anterior, estás maravillado, atónito y motivado a mover tu negocio a otras latitudes. Voy a suponer que te he convencido en apenas unas cuantas páginas de que es posible moverte a otros mercados y hacer crecer tu empresa. Bien. Ahora la pregunta pasa a ser: ¿a dónde?

Cuando hablamos de lugar, hablamos de países. A los países los divide, según los mapas, una cantidad enorme de fronteras, que ahí se quedan en las delimitaciones físicas de cada territorio, pero que podrían entenderse de muchas maneras porque fronteras se han levantado de todas formas. Sin embargo, parte de mi trabajo en este capítulo es convencerte de que las fronteras no existen, de que es necesario que te olvides de ellas. Piensa en un mapa sin divisiones territoriales.

Sin embargo, existen los idiomas.

Ésa es la única barrera de la que podría hablarte.

El idioma se vuelve una manera de entender múltiples mercados.

No digo, aclaro, que sea imposible llegar a países en los que no se habla tu mismo idioma, pero volveré a decirte que me interesa enseñarte la manera de globalizarte de manera práctica.

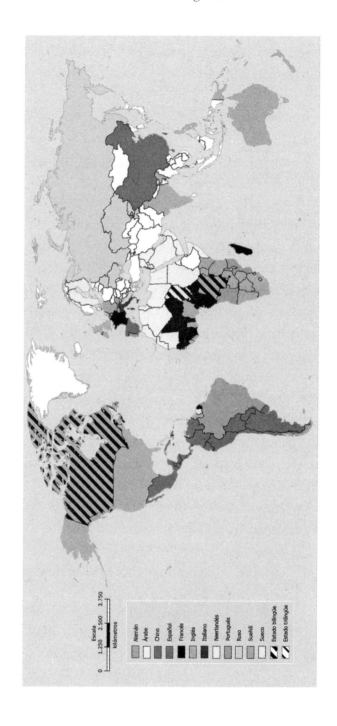

Visto así, el primer paso que deberás tomar cuando te hagas la pregunta de "hacia dónde vas a moverte" es ubicar las regiones potenciales según el idioma, no la distancia (aquí usaré como ejemplo, en mi caso, a Estados Unidos, mercado al que entré luego de llegar a 18 países. Era la región más cercana, pero también la única que, de las que me interesaban, no compartía el idioma).

Si ya comprendiste que Latinoamérica será la meta, de toda esa zona, ¿cuáles son los mercados más interesantes?

Por supuesto, es necesario que defina la palabra *interesante*. Cuando piensas en una zona tan grande como LATAM, en la que no existen las fronteras y es un país enorme, lo siguiente es pensar en los puntos estratégicos y por qué podrían serlo para ti. Yo sé que los lectores del libro son dueños de una infinidad de negocios diferentes, de productos y servicios bastante disímiles y que de la misma forma podrían acomodarse en puntos opuestos. Sin embargo, también es posible hacerlo en función de los proveedores con quienes harás negocios en una zona meta.

En Latinoamérica existen ciudades grandes, las capitales y las capitales industriales, mercados impresionantes y con todo tipo de empresas. Pero detrás vienen ciudades medianas en las que el mercado se ha explotado tan poco, que es mucho más sencillo entrar. Y no sólo eso, sino que los proveedores serán mucho menos refinados. Es decir, tendrán menos experiencia y estarán más abiertos a comprarte a ti. De cierta forma es como una evaluación del nivel de dificultad de los mercados. Un mercado más desarrollado —pongamos Manhattan, por ejemplo— tendrá los actores más sofisticados del mundo participando en todas las industrias, mientras una ciudad mediana como Piura (en Perú), Santiago (en Dominicana) o Melgar (en Colombia) estarán subofertadas.

Yo empecé a instalarme en mercados más pequeños, en los que había disposición, recursos, pero un nivel muy bajo de competidores. **El problema es que nadie quiere salir a ver las oportunidades que hay afuera.**

¿A quién?

¿Sabes en dónde se encuentra la mayor población del mundo? Si entendemos que lo ideal es empezar por evitar complicarte con el idioma, habrá quedado claro que Latinoamérica es el primer lugar al que hay que mirar. Pero yo jamás te diría que, al instalarte en un mercado determinado, dejes de crecer. Entonces, la pregunta, además del "dónde", es importante a

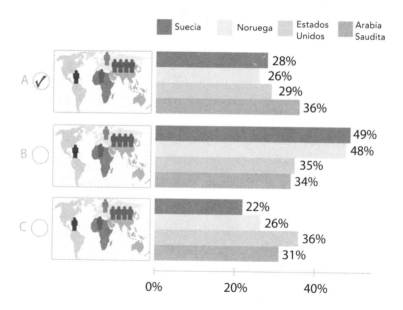

"quién", ya que es necesario saber en dónde hay más personas, más masa para venderles lo que traes.

Sé que aún sigo sin responder bien a bien tu pregunta de: "¿cómo le hago?" Para responderte, lo mejor que se me ocurre es contarte mi camino y las encrucijadas a las que me fui metiendo y de las que fui saliendo. Para mí fue toda una odisea por América Latina.

UN PAÍS A LA VEZ: MI PASO POR LATINOAMÉRICA

Cuando empezamos a expandirnos fuera de la ciudad, hace más de 10 años, antes de pensar en otros países tomamos a México como el primer país en el que trabajaríamos, así que lo dividimos por regiones. Nos aseguramos de que tuviéramos claro cómo funcionaba el mercado propio y, cuando lo logramos, empezamos a ver hacia fuera.

Por supuesto, como ya te comenté, el país que nos sedujo al principio fue Estados Unidos. Sin embargo, viajamos y pasamos ocho meses intentando penetrar ese mercado, sólo para entender que aquélla era, por el momento, una misión imposible. Cuando pasó eso, de verdad pensé en mil cosas, entre ellas que el mundo de las pequeñas y medianas empresas era el local, nacional como mucho y que ahí habíamos llegado.

De todos modos, sí hacíamos proyectos en otros países, pero eran sólo eso, proyectos. No estábamos instalados ni teníamos presencia en esos lugares.

Pero un día, y esto no es que haya sido mera coincidencia, sino que nos habíamos hecho de una reputación que nos precedía y una presencia en redes importante, nos buscaron para impartir una charla en Guatemala. Fuimos, y luego de la charla habíamos apalabrado cuatro proyectos y conseguimos ya al socio regional con quien tendríamos presencia en ese país. Ahí entendí todo. Ocho meses en Estados Unidos contra sólo una hora y media en Guatemala. A partir de ahí desarrollé una lista de los criterios para seleccionar los mercados a los que quería entrar.

- Tamaño del mercado
- Comportamiento de los clientes potenciales
- Canales de distribución
- Requisitos regulatorios
- Panorama político
- Idioma
- Cultura
- Competencia
- Tasa de cambio
- Protección a la propiedad intelectual

Ésta es la lista para considerar la entrada a un mercado, pero ya que lo hayas visto, que tengas palomeadas las tareas de análisis, no es necesario que te agobies y que pienses en la infinidad de procesos para llegar a tu nuevo territorio. Necesitas una sola cosa: **un socio local**.

Recuerda que los negocios no necesitan capital, sino sociedades (relaciones) que vayan evolucionando. Cada empresa encontrará su fórmula de evolución, pero consciente de la condición de crecimiento y adaptación a las diferentes etapas de la sociedad.

Sólo necesitas a una persona.

El problema, si es que podemos llamarlo así, es encontrarla. Yo lo hice en eventos de bienes raíces y temas relacionados. Cuando invitaban a la empresa a conferencias en diferentes países, hablábamos de la intención de crecer en otras geografías y se nos acercaban los socios potenciales.

Lo cierto es que, si encuentras a un buen socio local, las siguientes fases funcionan con muchísima facilidad. Ya con el socio firmado, arranca la **fase piloto** (antes de las inversiones). Aquí deberás entender que no vas a hacer dinero. Vas a pasar varios meses sin ver ingresos, que serán de prueba, de experimentación. A nosotros nos ha tocado ver diferentes resultados, distintos tipos de recibimiento en cada una de nuestras oficinas regionales. No son los mismos servicios los de mayor éxito en diferentes geografías. Durante la fase piloto es útil entender cuáles serán los servicios o productos (o sus derivados) que van a funcionar.

Es importante que sepas algo: durante la fase piloto no se trata de abrir una empresa, de constituirla. No puedes desbancarte sólo para experimentar porque una cosa es saber que no vas a ganar dinero, pero otra será perder dinero y perjudicar tu negocio que ya funciona.

Entiende que la primera fase no requiere de una gran infraestructura, no es una osadía de millonarios.

También es vital que sepas cómo iniciamos, pues no es de lleno con un socio local, sino con un representante regional dedicado a vender y colocar nuestros servicios. Esta persona arranca con la promesa de un licenciamiento formal en máximo un año. Son, entonces, dos empresas: la local y la global (la de origen). Recuerda que sobre esto hablé en la mentira de la estructura y en la de propuesta de valor.

El quid de la verdad

Llegar a otros países no depende de dinero. Como habrás aprendido ya, algunas de las más grandes mentiras de las escuelas de negocios tienen que ver con la cantidad de dinero invertido, con aquel necesario para crecer u operar. Sus libros venden escenarios idealizados en los que las empresas cuentan con capital para globalizarse.

La verdad es que no necesitas dinero para tocar otras geografías. Los emprendedores no necesitamos dinero para operar en varios países, sino modelos efectivos.

Para crecer en ventas, lo ideal es probar e instalarte en otros mercados. Debes empezar por conocerte a ti mismo, sabiendo qué funciona en tu mercado de origen, luego probando en otros mercados para determinar si éstos te funcionan. A partir de la creación de socios locales vas a poder operar en otros países, con fórmulas independientes, pero alineadas a tu modelo de negocio y a tu forma de hacer las cosas. Recuerda que lo más valioso para exportar no son tus productos, sino tu know-how.

La undécima mentira:

La educación universitaria garantiza el éxito en los negocios

La verdad: La educación tradicional de negocios no garantiza nada. El éxito está en lograr crecimiento constante a través del gen del aprendizaje infinito

En los años ochenta y noventa había una sola verdad en la vida: logra que tu hijo vaya a la universidad y seguro será exitoso. Y si además quieres que triunfe económicamente, que estudie algo relacionado con los negocios en una buena universidad. No sé qué edad tengas, pero seguro fuiste ese papá o quizá el hijo. ¿Te acuerdas? ¿A qué te suena ese mundo? Es fácil: a que las universidades eran la panacea.

Los tiempos han cambiado y las universidades, muy poco. Hemos visto nuevos esfuerzos interesantes, pero en general las instituciones de educación superior son pesadas y poco asertivas respecto al cambio. Es difícil dinamizarlas y lograr cambios ágiles. Hay tanta tradición en sus venas que configurar nuevos sistemas flexibles de trabajo es complicado.

No me malentiendas. Mucho del progreso humano ha dependido de las universidades; sin embargo, sobre ellas siempre se ha posado una nube oscura cuando implica hablar sobre la aplicación de sus saberes en la vida práctica.

Pero las universidades son una mierda
para el pensamiento práctico y la transferencia
a la realidad.

Yo sé que te hace ruido que yo hable con esas palabras, sobre todo porque terminé dos carreras y un par de maestrías. Mi punto es el siguiente: con toda la educación académica que yo tuve —que era extraordinaria— debí haber sido exitoso de inmediato después de graduarme. Cumplí con todos los títulos que el mundo decía que se requerían en el camino al éxito. Sin embargo, ya graduado, me di cuenta de que no estaba preparado para crear un negocio y tampoco tenía las competencias transversales (pensamiento práctico, negociación, toma de decisiones, pensamiento crítico, por nombrar algunas) para operar en un mundo desconocido. Había una desconexión brutal entre el mundo que me habían mostrado en la escuela y la realidad. Era tal mi incapacidad en los negocios que mi empresa de consultoría fue un negocio mediocre durante sus primeros cinco años, que sólo navegó con la meta de sobrevivir.

> Permíteme rehacer la frase: las universidades son una mierda para crear emprendedores de crecimiento exponencial. Sus métodos están hechos para crear empleados de organizaciones tradicionales.

Es decir, la mayoría de las personas busca mantener el *statu quo*. No busca de manera categórica hacer disrupción en los sistemas actuales. Sí, necesitamos personas que mantengan lo que tiene que perdurar (los que hacen que el mundo tal cual lo conocemos siga existiendo), pero las universidades son terribles para preparar emprendedores dispuestos a construir nuevas y diversas oportunidades para los seres humanos. ¿Dónde están esos emprendedores exponenciales, locos y visionarios que reten los sistemas actuales que replican la desigualdad y la poca movilidad social? Necesitamos muchos de ellos.

Por ello te quiero poner una comparativa que me ayuda a enmarcar lo que veo en las escuelas de negocio. De 1940 a 2000 la mortalidad infantil (niños de menos de cinco años) bajó de 40 a 4%, lo que significó una disminución sustancial, para celebrar los grandes resultados de la escuela moderna de Medicina. En el mismo periodo, la tasa de mortalidad de las empresas se multiplicó por 10. Hoy, más de 90% de las empresas que nacen **están destinadas a morir** en sus primeros cinco años de vida. Cuando cuento esta analogía me critican porque dicen que está fuera de contexto. Y lo entiendo, no es lo mismo una vida humana que la vida de una empresa, pero lo cierto es que los resultados de las escuelas de negocios han sido desastrosos, mientras que los de la escuela de Medicina destacan y se llevan los aplausos.

La medicina avanzó al ritmo y a medida de la exigencia que se le demandaba. Las escuelas de negocios no encontraron la fórmula para generar crecimiento y ser el mejor aliado para lograr un crecimiento no sólo exponencial, sino sostenible.

Las escuelas de negocios están en crisis porque no han sabido responder a la velocidad de cambio de los mercados. La currícula no ha cambiado y todo el contexto sí.

En una investigación sobre la crisis de los programas de maestría en administración de empresas (MBA), el profesor Rakesh Khurana de Harvard afirma que ya no existe un consenso de lo que constituye el currículum de los programas de negocios. Ya no existe un cuerpo de contenido unificado. Ya no queda claro en qué consiste un MBA.

Por lo anterior quise cerrar con esta última mentira, cuya nueva verdad sirve para explicar cómo veo el aprendizaje y los programas educativos de las escuelas de negocios.

¿Por qué llegamos a este punto? Aunque hay múltiples aristas en la problemática, una que sin duda tengo que recalcar es la de los profesores.

En los refranes populares se dice que quien puede trabaja y quien no puede enseña. ¿Cuántos profesores tendrán verdadera vocación y cuántos lo son porque no tuvieron otra opción?

¿Cómo vas a aprender de negocios de alguien que nunca ha tenido negocios?

Es un tema muy complejo dentro de los sistemas de educación superior. ¿El que enseña es el mejor preparado para hacerlo? ¿Sabe enseñar el experto en negocios? Muchas veces quienes han estado en las trincheras de la práctica no saben cómo enseñar, y viceversa. En posgrados hay más excepciones, pero en licenciaturas se acentúa.

Para mí, todo radica en lograr equipos docentes de alto rendimiento. No le pidas al que nunca ha dirigido negociaciones que enseñe sobre negociación. Como nunca le pidas a un tiburón de las finanzas que explique la perspectiva histórica de los problemas capitalistas actuales.

Yo creo que en la educación de negocios requerimos profesores diversos jugando diferentes roles.

- Profesores *consultores* especialistas en temas específicos, capaces de resolver problemas en cualquier organización.

- Profesores **investigadores** interdisciplinarios que dominen el pasado y experimenten con el futuro.
- Profesores **emprendedores** que ya pasaron por las brasas de los negocios.

Imagínense que los cuerpos docentes funcionaran con los mismos principios de las organizaciones neuronales. ¡Viviríamos en otro planeta!

Además de los equipos docentes, el sistema de las universidades debe potenciar fuertemente los centros de investigación, el desarrollo de patentes e impulsar nuevas prácticas, como en Babson College, donde los profesores tienen sus propias empresas vinculadas a las universidades o que ellos son parte de consejos de administración.

Todo esto suena muy intuitivo; sin embargo, cuando hice una encuesta en mis redes sociales para preguntar qué porcentaje de los docentes de sus universidades tenían verdaderos negocios, el resultado fue menor a 10%.

Increíble. Menos de 10% de los profesores que educan sobre negocios vive la experiencia. Si la cifra te parece baja, te pido que vayas a tu universidad y hagas la evaluación. He insistido en este reto —de que las universidades publiquen el dato— pero no lo hacen, porque conocen perfectamente su debilidad. Saben que tienen profesores profesionales muy buenos, pero desconectados de la realidad y, por lo mismo, se separan cada vez más del mundo VICA del que hablamos en la octava mentira (volátil, incierto, complejo, ambiguo).

Claro que la culpa no la tienen los profesores. Es de la falta de nuevas configuraciones que traigan incentivos en el espacio educativo, mejores políticas internas y capacitación innovadora para los que están acompañando el aprendizaje. Los tomadores de decisiones no están siendo ágiles en transformar los procesos de aprendizaje.

Entonces, es necesario hallar líderes prácticos con la vocación de enseñar. En las páginas siguientes de esta verdad conocerás algunas ideas que yo estoy desarrollando para poder cambiar esta realidad; recuerda que soy un tipo práctico, no sólo estoy hablando de mejorar la educación, sino realmente estoy metido y ejecutando mi propia versión del cambio.

Ahora bien, ¿cuál es entonces la verdad? **Necesitamos encargarnos nosotros mismos de nuestro aprendizaje.** Dejar de depender de las instituciones educativas para todo y buscar el crecimiento personalizado. Que las universidades nos alcancen porque nosotros vamos a volar.

Cuando sales de la escuela, la mayoría del contenido que aprendiste ya es obsoleto. Es demasiado rápido el avance de la investigación y la tecnología. Depende de ti buscar el crecimiento personalizado y decirle al mundo qué debe saber y lo que eres capaz de hacer.

Ahora, mi respuesta del cambio educativo tiene que ver con tu crecimiento sostenible.

El éxito que estás buscando proviene de tomar el control de ese crecimiento. El error está en ver a la educación como un componente desconectado del crecimiento integral del individuo. Para mí, la educación es el camino que conduce a ese crecimiento.

No quiero entrar a un terreno filosófico —ya tendremos oportunidad tú y yo de ir hacia allá más adelante—, pero sí te quiero adelantar que mi definición de felicidad está muy relacionada con el crecimiento constante. Por este motivo es que

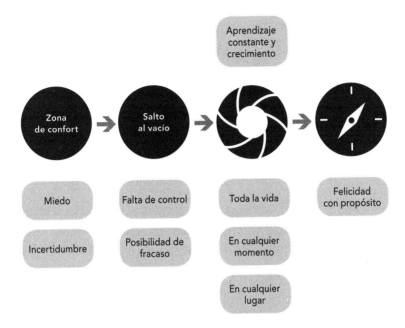

la frase que acompaña muchas de mis publicaciones en redes sociales y mis mensajes motivacionales es: **Aún no eres quien vas a llegar a ser**, como ya te la había compartido.

Cada experiencia, cada aprendizaje me transforma, me cablea distinto. Me confronta conmigo mismo y me descubro diferente. Alguien que creció un poco más.

Con este contexto, entonces queda claro que el reto es fundamental: ¿cómo crear un modelo educativo que garantice crecimiento real?

La respuesta es crear un nuevo modelo educativo personalizado, con una nueva plantilla de profesores, nómada, estructurado en equipos estratégicos, basado en resultados.

En las siguientes páginas pretendo detallar justamente este modelo que hoy ya estamos probando.

¿POR QUÉ ES ESTRATÉGICA ESTA VERDAD?

Primero te respondo desde el punto de vista personal. Si reconoces que crecimiento es igual a felicidad, entonces necesitarás reformular el aprendizaje como parte de tu rutina de vida. **Tu estilo de vida debe ser de aprendizaje constante.**

Vive con una mentalidad de principiante. Todos los días de tu vida. Mientras tengas aire en los pulmones.

Necesitas conocimiento: empaparte y absorber con curiosidad y genuino interés en ti y en tu alrededor lo que vayas leyendo, estudiando y reflexionando.

Necesitas actitud: humildad, generosidad y un espíritu ameno para dar y recibir. Conectarte y relacionarte satisfactoriamente. Para creer en ti mismo y en lo que eres capaz de hacer. Para estar abierto y aprender de los demás.

Necesitas habilidad: aprender a aprender. Reconocer qué habilidades necesitas para lograr un crecimiento sostenible y desarrollarlas. Vivimos en un mundo volátil, caótico y en constante cambio, así que necesitas pulir y afinar tus capacidades de análisis, de manejo de la incertidumbre, de pensamiento crítico, entre otras.

No presumas que sabes, presume que aprendes.

Por otro lado, está el impacto en la competitividad que generaría un cambio en el modelo educativo completo. Si pudiéramos generar un cambio a escala de la educación de negocios, automáticamente eso impactaría en el resultado de la competitividad de los generadores de riqueza y, por tanto, a nivel regional o nacional. El reporte *Global Entrepreneurship Index*, desarrollado por The Global Entrepreneurship and Development Institute (GEDI), enfatiza categóricamente los grandes beneficios para los países que se generan al fortalecer el ecosistema emprendedor.

> Un cambio con resultados reales en el gremio de los emprendedores podría estar directamente correlacionado con el crecimiento de la región.

Emprendedores mejor preparados nos permitirían construir un ecosistema fuerte, con peso y como palanca de desarrollo para nuestros países. Un ecosistema fuerte exige mejores reglas del juego al gobierno, más dinero para investigación y desarrollo. Nuevas posibilidades para las generaciones venideras.

¿Qué necesitas para regir tu crecimiento por esta verdad?

Dejar de lado el esquema mental que ve en el sistema tradicional de educación la mejor opción para incorporar conocimientos y aprender habilidades para crecer profesionalmente. Entender que el aprendizaje debe ser continuo, porque no sólo el mundo está en constate cambio, sino que a medida que incorpores conocimientos tú mismo estarás cambiando y, por lo tanto, también serán diferentes tus necesidades. No te duermas en los laureles, recuerda: aún estás trabajando para lograr ser tu mejor versión.

Modelos técnicos de la verdad

El modelo educativo que propongo tiene seis características:

1) Personalizado

Yo tengo una visión de la educación. Para mí, el futuro de la educación se encuentra en el siguiente ejemplo:

Imagina que eres tú hace algunos años, de niño, en una alberca de pelotas de colores, de esas de McDonald's o cualquier hamburguesería. Según la manera en que hayas caído dentro, tu altura, el lugar de la alberca, te va a rodear un determinado número de pelotas. Si estás solo, algunas te van a llamar la atención, por color o lo que sea. Digamos, en aras de la moraleja, que son comestibles. De diferentes sabores. El interés que cada una genere te llevará a comértelas. Una roja, una morada, una amarilla. Lo más probable es que unas te gusten más que otras y que pruebes los nuevos colores que vayan apareciendo. ¿Me sigues? ¿Puedes ver la imagen?

Para mí, eso es el aprendizaje.

Estamos ahogados de conocimiento en muchísimas materias, miles de materias. Nos rodean y nos salen por todos lados, son diferentes en apariencia y en consistencia. Cada una sabe diferente. El problema es que, hasta que no la pruebas, no vas a saber si de verdad te gusta o si sólo te llamaba la atención. Si te llena o si sólo es una maldita ilusión. Porque todos viven así, rodeados de colores que los divierten, de temas que les desvían la mirada, pero no los muerden, no los prueban.

El aprendizaje inicia con la curiosidad, una aptitud innata del ser humano de explorar su entorno. Cuanto más diversas sean las posibilidades, más robusto y panorámico será el capital intelectual que podrás construir. Si puedes llegar a explorar hasta el grado de entender la composición y el origen de las pelotas de colores, podrás entender cómo funcionan los sistemas y los diferentes modelos mentales de las disciplinas.

Asimilar los aprendizajes y explorar los procesos de pensamiento de las diferentes disciplinas del conocimiento te dará una ventaja competitiva sin igual. ¿Sabes que las mejores innovaciones en tu industria vienen de personas que supieron probar las pelotas de colores y aplicar sus descubrimientos en otros contextos?

Yo viví una infancia diferente que me ha hecho clavarles la mirada a esas esferas y morderlas, probarlas y fascinarme. Es quizá la práctica, el hábito, la costumbre, incluso, lo que me hace devorar conocimiento muy rápido, más rápido que la mayoría del mundo. Es el gen del aprendizaje infinito.[1] Mi forma de asimilar tanto empacho de conocimiento es poder encontrar los medios más idóneos para compartirlo contigo.

Si no te consideras curioso, si no devoras conocimiento como yo, ¡en algún momento de tu vida te dormiste! Porque lo traes. Todos lo traemos. Así estamos cableados. El gen del aprendizaje infinito, la curiosidad está en ti.

La educación en el futuro deberá depender de cada persona y de su elección, su libre elección de aquello a lo que quiera

---

[1] Busca mi video "El gen del aprendizaje infinito" en mi canal de YouTube.

hincarle el diente. Ya hay investigadores en educación que están creando *career pathways* o *learning pathways*. Rutas flexibles para que aprendas de manera autónoma durante toda tu vida. Lo podemos ver en las buenas prácticas documentadas por el Banco Interamericano de Desarrollo (BID) utilizando *digital badges*.[2]

Ahora bien, esto tiene un truco.

Pasarte mordiendo y probando a ver qué te gusta no quiere decir que estés aprendiendo con calidad. Es decir, si cada pelota es un tema de conocimiento, es normal que haya varios fabricantes, unos mejores que otros. ¿Son iguales todas las de color azul? Por supuesto que no.

Dejemos la metáfora de la alberca y hablemos de esto de forma directa, de los problemas que esto que acabo de escribir representa.

Si bien el futuro de la educación parte de esa elección personal, de la curiosidad y del hambre de conocimiento, también es cierto que debe refinarse el paladar y saber de dónde viene el conocimiento y saber filtrar aquello de calidad de lo mediocre que seguido circula y nos llega por todos lados. De hecho, eso es lo más difícil. Puedo asegurarte que convencer a alguien de que aprenda no es tan complicado como pareciera, porque de alguna forma todos perciben su utilidad, pero enseñar a que filtren y seleccionen se ha vuelto el reto más cabrón.

---

[2] Se llama *digital badges* a las insignias que se utilizan para dar cuenta de los logros o conocimientos que adquirió una persona. Son un modo de reconocer las habilidades y competencias entre empleadores, profesionales y centros educativos. Para más información sobre este tema, te sugiero que visites https://blogs.iadb.org/conocimiento-abierto/en/building-learning-pathways-with-digital-badges/.

El centro de investigación Institute For The Future habla de 10 habilidades para el trabajo en 2020 y dos de ellas me parecen esenciales para esta idea que te estoy compartiendo:

Cognitive load management: la habilidad para discriminar y filtrar información de acuerdo con su importancia, así como comprender cómo maximizar las funciones cognitivas al utilizar una variedad de herramientas y técnicas.

Sense making: la habilidad de determinar el sentido profundo o el significado de lo que se está expresando.

Yo consumo una cantidad enorme de conocimiento, pero también soy selectivo y me quedo con el de mejor calidad, sin importarme el precio.[3] A mí no me importa eso, no por ser engreído, sino porque sé cuánto valen: Gary Vee, Tony Robbins, por citar algunos. Yo me encargo de buscar a la persona y a las organizaciones que más sepan sobre aquello de lo que busco aprender y de ahí me alimento. No busco nada menos. Ahora, si no puedes en este preciso momento aprender de la persona u organización que es un referente en el tema, tienes que aprender a seleccionar a los mejores, al que aprendió del mejor y lo replica. Pero, por favor, no estés aprendiendo cosas gratis.

¿Por qué insisto en esto? Porque todos contribuimos al ciclo de conocimiento de calidad. Si tú pagas por buen contenido, estás apoyando a que se produzca más. Sí hay opciones gratis interesantes, pero son las menos. Son el punto de partida, pero no son suficientes. En algún punto tienes que elegir lo mejor y pagar por ello.

---

[3] De hecho, hace poco pagué varios miles de dólares por estar dos horas con Gary V. Lo vale. Es todo.

Pero cuando puedas busca a los mejores, porque cada uno representa una nueva mirada, un enfoque diferente que, juntos, te permitirán verte en un futuro y ver a dónde quieres ir.

Necesitas construir tu propia red, tu ecosistema de aprendizaje. Tener un mapa en la cabeza de todas las conexiones que tienes para crecer.

La única aristocracia es la del pensamiento.[4]

De hecho, otro problema de la educación es que mucha gente le tiene miedo al precio porque no entiende la relación entre educación y tiempo. Tiempo de quien enseña y de quien aprende, pero más importante, el tiempo a futuro. Elaboro: entre más conocimiento obtengas, asimiles y pongas en práctica, más tiempo vas a ahorrar en tu vida.

Y como al invertir en conocimiento de calidad ahorras tiempo a futuro, cuando ahorras en dinero en el presente consumiendo conocimiento gratis o muy barato de cualquier charlatán, en simultáneo estás perdiendo una cantidad enorme de tiempo que a la larga (o quizá en el presente inmediato) dolerá y costará más que el dinero que elegiste no pagar.

En algún punto del camino te darás cuenta de que el poder que tienes por haber hecho buenas inversiones en conocimiento implica otra responsabilidad: abrir generosamente el camino para otros.

El problema es que la gente mediocre sigue sin entender el valor del tiempo.

[4] La frase es de mi abuelo, pero así es como veo el gen del conocimiento y el futuro de la educación.

Ahora bien, los problemas anteriores parten de otro: los modelos de referencia. Cuando alguien nace y crece con ciertos modelos, es complicado que se agarre de algún lugar para asimilar ciertos conceptos y les vea su utilidad.

Por eso quienes compartimos conocimiento tenemos la responsabilidad de compartir valor, de filtrar, de hacer llegar lo que sirva. Imagínate que buscas entregarle conocimiento a una persona que está dormida, que no es tan curiosa, que no busca devorar los distintos temas y decide ocuparse de un tema por año. Éste tendría que ser de una calidad suprema para que tenga alguna oportunidad de aplicar ese conocimiento y no rezagarse.

El crecimiento sostenible no es el fin de esta perspectiva en educación. El fin es el mismo trayecto. **El crecimiento no debe terminar. Es eterno**.

Adiós a los grados, a las llegadas, a los puntos de partida y los finales.

Éste es el *growth mindset*. Es una investigación muy poderosa de Carol Dweck[5] de la Universidad de Stanford:

- Tú tienes la capacidad de aprender y desarrollar nuevas habilidades.
- El fracaso es una lección de mucho valor.
- Tú estás en control de tus habilidades.
- Estás enfocado en el proceso de ser mejor y crecer.
- Tienes más posibilidades de aceptar los retos y perseverar.
- Aprecias la retroalimentación y aprendes de ella. Aceptas la crítica.

[5] *Mindset. La actitud del éxito*, Editorial Sirio, Málaga, 2017.

Hace algunos años empecé a dar varias conferencias y charlas para públicos que al principio fueron reducidos, pero que con el tiempo se hicieron cada vez más grandes. Primero en temas de *real estate*, luego en temas de ventas y de emprendimiento. Eran experiencias muy gratificantes, pero con el correr de los meses y el aumento de los asistentes sentí que iba perdiendo la conexión con las personas y también que tenía que evolucionar mis metodologías y estrategias de aprendizaje. Es decir, a medida que voy incorporando más conocimiento, conociendo gente, viajando a otras ciudades, detecto que me surgen nuevas necesidades y que los otros también cambian las suyas, por eso voy pensando el siguiente paso en mi camino por el crecimiento continuo.

2) Los maestros y sus nuevos roles

He hablado recientemente del cambio que creo necesario en la estructura de maestros. A diferencia del modelo tradicional, creo que el nuevo modelo educativo necesita de tres figuras de forma constante en el recorrido de aprendizaje.

- El **consultor** o el experto que tiene conocimiento técnico que te falta.
- El *coach* es quien ve algo en ti que ni tú has visto y te ayuda a descubrir tu talento y hasta dónde puedes llegar.
- El **mentor** es quien lleva ya camino recorrido y que puede mostrártelo para que aceleres el tuyo.

Al final, repito, son tres personas que te van a llevar al siguiente nivel.

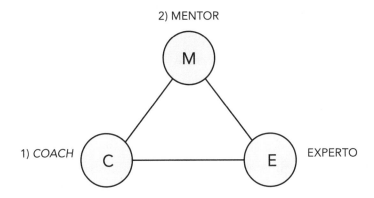

El **mentor** es una persona, como dije, que ya ha recorrido un camino, que ha pasado por ciertos pasajes que a ti todavía te faltan. Esta persona te va a guiar, te va a decir lo que ha funcionado y lo que no, y si escuchas, si **aprendes**, vas a acelerar el crecimiento. Claro, el punto del mentor es que sea una persona que haya andado el camino que tú quieres andar o, más bien, que haya tenido una meta igual o bastante parecida.

También necesitas de un *coach*. Es quien te hará las preguntas difíciles y necesarias. Te voy a adelantar algo: el *coach* no sabe de lo que tú haces, no necesariamente es del sector o especialidad que te interesa. No sabe, pero cree en ti y eso es bastante importante porque si él ve ese potencial, si encuentra aquello que quizá no has visto en ti, es la persona indicada para empujarte, para presionar, cuestionarte y llevarte a ese extremo al que no sabías que podías llegar. Si quieres un ejemplo, recuerda a aquellos *coaches* en las películas que gritan, impulsan, casi violentan a sus jugadores para que éstos exploten su potencial. El *coach* te acompaña. Te desafía. Hace que te veas y que entiendas tus errores para que los mejores.

La industria del *coaching* está en *boom* precisamente por lo valioso que es tener a una persona así a tu lado.

Luego necesitas a un **experto**. Ésta sí es la parte técnica. Si entiendes los pasos que hay que dar (mentor) y tienes el impulso (*coach*), el experto te va a dar herramientas técnicas necesarias (informáticas, financieras, administrativas, entre muchas más) para que, junto con las otras dos, puedas llegar, ahora sí, al siguiente nivel. El experto está especializado en un tema determinado y sólo te va a aportar esa herramienta.

En la vida vas a aprender siempre de estos tres maestros. **Toda tu vida**. He hablado y más adelante hablaré del gen del aprendizaje. Este gen te debe impulsar siempre a estar buscando a los tres maestros, a nunca dejar a las figuras, pero sí a buscar uno nuevo, a varios, porque si tú vas cambiando, ellos deben ir cambiando. Búscalos. Detéctalos. Acuérdate de que una persona puede ser experto, mentor y *coach*, pero es tu trabajo saber en qué faceta te va a servir.

El Instituto Tecnológico y de Estudios Superiores de Monterrey está implementando un nuevo modelo educativo con equipos docentes con diferentes características y roles (catedrático, evaluador, diseñador, asesor y mentor). Éste es un ejemplo del inicio de un cambio en la modalidad tradicional.

3) Nómada

Si me sigues en redes sociales conoces mi vida. Viajo prácticamente todas las semanas del año. Reconozco que no es una vida fácil, pero lo que es un hecho es que es uno de los secretos de mi crecimiento. El crecimiento en los negocios está en la calle, y, francamente, yo no conozco ningún negocio exitoso que se haya hecho en una sola ciudad. Necesitas salir de tus dos cuadras (ya te lo dije en la mentira anterior).

Por eso cuando estructuramos nuestros programas educativos las sesiones son en múltiples ciudades.

Busca el aprendizaje en otros lugares. Muévete, cambia de contexto.

Una referencia interesante de este tema es Minerva School, cuyos estudiantes pasan toda su carrera universitaria viajando y viviendo en diferentes ciudades. Aprenden de forma digital y colaborativa. En cada ciudad realizan proyectos de investigación aplicada con empresas y organizaciones del lugar.

4) Estructurado en equipos estratégicos

Eres raro, pero no te das cuenta porque estás metido en tu cabeza todo el día. Pero eres raro para todo el mundo y tú los ves raros a ellos. De hecho, se ven gloriosamente raros. Es raro que a la gente no le gusten las cosas que te gustan a ti. Es raro que a algunas personas les gusta hacer cosas que odias hacer. Y cuando vemos a alguien hacer algo tan increíble que no vemos ni cómo, lo tachamos de raro.

Pero te pregunto, ¿es malo lo raro?

Si la gente alrededor de nosotros estuviera programada para ser siempre igual, entonces tendríamos que pasar todo el tiempo buscando a alguien diferente. En lugar de ello, podemos hacer equipo y sacar provecho de "la rareza" al formarlo.

La diversidad y la rareza no son impedimentos para crear un gran equipo, al contrario, son los dos ingredientes sin los cuales un gran equipo no podría existir. Si todos fuéramos clones, entonces existirían cosas que no podríamos hacer. Por eso necesitas hacer equipo con la gente cuyas fortalezas —o sea "su rareza"— sea diferente de la tuya. **Busca seres complementarios.** Sólo así podrás lograr los resultados que demandan más habilidades que las que tienes por tu cuenta.

Y toda esta rareza ¿qué significa?

Entre más diferentes somos, más nos necesitamos. Cuando entiendas esto aplicarás tres prioridades a tu vida como líder:

1. Entender y apreciar las fortalezas de otros.
2. Crear un propósito juntos.
3. Crear una atmósfera en la que se valore la rareza de cada uno para que se ponga en práctica según la necesidad.

A final de cuentas, entre más raro el equipo, más fuertes serán sus resultados.

Construye espacios de seguridad psicológica en tus equipos, contrata gente que sea mejor que tú, diversifica los talentos, busca personas de distintas disciplinas. Y no lo olvides, todos deben de tener el gen del aprendizaje infinito.

5) Con base en resultados

Termina el mes y recibes tu boleta de calificaciones. Así funciona la escuela tradicional. Te dicen qué tan bien memorizaste la teoría del mes. Y ese número termina siendo un indicador de "éxito".

En el modelo educativo que yo planteo la evaluación es a la inversa. Los resultados medidos del proyecto o negocio que se esté llevando a cabo se vuelven la evaluación hacia la escuela de parte del alumno. Ésa es la educación del futuro, aquélla donde **tú evalúas a tu escuela** en función del resultado. Adiós a las encuestas normales de egresados y a no hablar de los fracasos. **Démosle valor al fracaso porque también es una de las mejores experiencias.**

Y tu equipo te evalúa a ti y tú te evalúas a ti mismo sobre tu mentalidad, determinación, desarrollo de habilidades y tu capacidad ética para construir opciones sustentables y positivas para todos.

6) Eterno

La educación en general y la de negocios en particular no funcionan porque sus enfoques se han quedado atrás y, además, le temen a la práctica por refugiarse en la teoría. ¿Cuántas generaciones han aprendido de los mismos libros y de las mismas personas? ¿Cuántas generaciones de ejecutivos, de CEO, se han quedado atorados en los libros teóricos de décadas anteriores? Inmersos en el sesgo de la práctica diaria, de la propia burbuja, sin tiempo para digerir y asimilar los cambios en sus narices.

¿Cuántas personas salieron de sus MBA y se estacionaron en sus laureles? ¿Qué viene después de un MBA?

La educación del futuro es eterna, no termina con la obtención de un grado. Es un recorrido perpetuo.

Es tu legado.

En el mundo, uno de los conceptos más importantes actualmente es *lifelong learning*, el aprendizaje durante toda la vida. Esta visión empata a la perfección con la formación de emprendedores exponenciales. La idea central es combinar grupos diferentes de educación para ser un aprendiz eterno y:

- Formal (aprende de cursos, diplomados, especialidades).
- Autodirigido (toda la oferta donde se tiene el control de lo que se aprende, como los *moocs*, cursos masivos abiertos en línea).
- Profesional (lo que se realice como parte de un desarrollo laboral).
- Personal (que busca e impulsa sus intereses personales y pasatiempos).
- Indirecto (a partir de la experiencia de vida).
- Libre (que aprende como sea y cuando sea. Tú decides el camino y la forma).[6]

La mentalidad emprendedora es una visión a largo plazo, enfocada en el aprendizaje constante y en la curiosidad necesaria para comerte el mundo. ¿Qué combinaciones realizarás para lograr tu crecimiento?

Explora, filtra, analiza y asimila o desecha. Lo que asimiles ponlo en práctica, interiorízalo. **Que sea tu trabajo diario y tu responsabilidad aprender y compartir.**

El quid de la verdad

Todas las ideas aquí planteadas evolucionarán y mejorarán con el tiempo. Las seguiré poniendo en práctica para transformarlas constantemente. Más aprendo, más quiero integrar y fortalecer. Me fascinan las posibilidades que las formas alternativas de educación traen.

---

[6] Basado en Sofía García-Bullé, "¿Qué es lifelong learning y en qué consiste?", disponible en https://observatorio.tec.mx/edu-news/aprendizaje-a-lo-largo-de-la-vida-lifelong-learning.

Estos nuevos recorridos de aprendizaje no son una carrera de 100 metros. Es más similar a un maratón o la caza que hace un león.

Prepárate, caza/corre, evalúa y descansa. Vuelve a iniciar una y otra vez. Usa tu energía y tu tiempo sabiamente.

Estoy seguro de que el poder de la educación radica en ese gen de aprendizaje infinito y en tu capacidad de armar tus redes de aprendizaje por ti mismo. No pongas la responsabilidad de tu vida en las instituciones, en los servicios académicos o en los títulos de grado.

Estudia, analiza, filtra y decide tu ruta. Invierte bien.

La educación debe replantearse y ofrecer mejores oportunidades para todos aquellos que quieran vivir una vida de emprendimiento (de cualquier tipo) y crecimiento constante. Necesitamos combinar roles y perfiles muy distintos en educación y que nunca falten los comunicadores claros y efectivos. Debe existir un compromiso con la verdadera personalización del sistema educativo y la flexibilidad y libertad que conlleva el aprendizaje.

Sé raro, sé único, construye lo que necesites y no te detengas. Aprende durante toda tu vida. En cualquier momento, en cualquier lugar.

Mi lista de 11 verdades
sobre verdades

Te va a sonar raro, pero aunque sea el presente un libro de *verdades* que decidí contar para desmentir la sarta de falsedades de la escuela de negocios, yo también vivo con varias que son personales. Por lo tanto, la última verdad es la lista de mis 11 verdades personales sobre "verdades" que quiero entregarte antes de que cierres el libro. No puedo dejarte ir sin un buen cierre.

Justo antes de terminar el libro, un amigo me pidió que lo catalogara. "¿Qué tipo de libro es?", preguntó. No supe bien qué decirle, aunque más o menos mastiqué una respuesta porque sí sabía por dónde iba. Sin embargo, si he de ser honesto, ya terminado, no lo sé. Siento que es una especie de autobiografía de negocios en donde incluyo capítulos de mi vida con lecciones difíciles de aprender. También siento que es un libro de consulta, porque no puedo quitarme de encima ese amor que le tengo a la profesión de la enseñanza. Pero es también un libro motivacional, cuyo objetivo es tratar de quitarte los miedos de subir al siguiente escalón.

Puede ser muchas cosas más, pero lo más importante es que es un libro de **mis verdades hoy**.

Toma estas palabras finales con mucho cuidado.

Primero, porque son mías. No todas aplicarán en tu camino. No necesariamente todas las vivas igual, pero acompáñame en mi camino, sólo **no te olvides de crear el tuyo porque es la única manera de que realmente descifres las verdades**. Ésas son de cada uno y, por ende, mi trabajo para cerrar este libro es que lo recuerdes. Sólo cuando construyas verdades propias terminarás el trabajo que implica este libro.

Ten cuidado con la palabra "hoy". El mundo genera teorías y modelos para explicarse, pero cambian. Mañana, cuando este libro se vaya a imprenta, te aseguro que enfrentará un mundo diferente y, con la velocidad a la que se mueve, exigirá actualizarse. Las reglas y la educación del pasado (que ahora son mentiras) funcionan cuando el mundo es estático, cuando es lento y predecible. El mundo de hoy es volátil, incierto, complejo y ambiguo. Mañana tendrá nuevos retos y algunas de las verdades se volverán mentiras. Es el tiempo. Por eso **te imploro que aceleres tu vida y le ganes al tiempo**. Si entiendes esta frase, seguro estarás bien.

Te comparto mi lista.

1

*No importa cuán grande sea la mentira,
repítela con suficiente frecuencia y las masas
lo considerarán como la verdad.*
JOHN F. KENNEDY

Elegí esta cita aquí y no como epígrafe porque en ella entra una parte del concepto del libro. Podría decir que fue una de las semillas para mostrar cómo la repetición de ideas falsas o, más bien, obsoletas, puede meterse en la mente de la colectividad (la de emprendedores o aspirantes a serlo) y regir la manera en que intenta hacer negocios, sólo para verse fracasar en periodos muy cortos de tiempo.

No cualquiera está hecho con el material del emprendedor (y está bien), pero muchos que pudieran tener esa madera se quedan en el camino por culpa de las mentiras perpetuadas en libros y escuelas de negocios alrededor del mundo.

Las masas considerarán cualquier concepto como verdad. Esa misma es una verdad irrefutable. Las verdades las construyen los rebeldes. Te pido que nunca abandones esa rebeldía que logra que el emprendimiento, más que un trabajo, sea un estilo de vida.

2

> *Toda verdad pasa por tres etapas antes de*
> *ser reconocida. En la primera, es ridiculizada.*
> *En la segunda, genera una violenta*
> *oposición. En la tercera, se acepta como si*
> *fuera algo evidente.*
> ARTHUR SCHOPENHAUER

Esta frase resume otra parte del libro y también lo que he vivido en el camino, al transparentar estas nuevas verdades para ofrecerlas a la comunidad de negocios de Latinoamérica. Por eso la crítica que he enfrentado en mis redes ha sido constante. Y es que cuando se trata de descubrir y abrir nuevos caminos, la crítica no cesa. Nunca. Que sirva este punto como recordatorio, porque estoy seguro de que al hacer cambios en tu organización o plan de vida enfrentarás un montón de embates. Resiste. Recuerda que tu verdad es tu combustible. Y ese combustible no se agota. Nunca.

3

Si dices la verdad, no tendrás que recordar nada.
MARK TWAIN

Sólo quienes mienten tienen que cuidar aquello que afirmaron como verdad, porque ni ellos lo tienen claro. La verdad, sea cual sea, la llevamos grabada en la mente y en el corazón. Las cosas son como son. Por lo tanto, quien lleva su verdad como estandarte vive tranquilo y puede ocupar la mente en otras cosas y no en cubrir y mantener mentiras.

A veces me preguntan cómo logro responder preguntas tan diferentes en mis conferencias con tanta claridad. La respuesta es que cuando vives el recorrido, compartir la verdad no es difícil. Es simplemente recordar mi recorrido.

Aquí has leído un montón de verdades y, además, con ellas irás descubriendo las tuyas, que ya has aprendido y llevas guardadas, pero aún están dormidas.

4

No digas: "He encontrado la verdad", sino:
"He encontrado una verdad".
KAHLIL GIBRAN

Nunca tendremos acceso a la verdad absoluta. No existe. Sin embargo, es posible ir acumulando verdades, algunas universales, pero otras también propias, las tuyas y las de otras personas. Es el conjunto de muchas verdades lo que te llevará a vivir en el mundo de la verdad, pero no de una absoluta, sino la de un mundo anclado y potenciado por ellas.

Por eso nunca digas o creas que has hallado una sola respuesta para la vida. Una sola llave. Más bien colecciónalas, selecciónalas y aplícalas a tu vida diaria.

Como ya te dije, mis verdades no les van a funcionar a todos, pero les servirán de guía para hallar las de cada uno.

5

Una verdad a medias es incluso más
peligrosa que una mentira.
Una mentira puede ser detectada en algún
momento, pero la mitad de una verdad te
engañará por mucho tiempo.
ANURAG SHOURIE

Creemos lo que queremos creer. Más cuando aquello que buscamos creer tiene un aroma a verdad y este aroma nos seduce. Cuando una mentira es total, es posible detectarla, pues ésta, tarde o temprano, caerá por su propio peso. Algunos la descubrirán más rápido, otros no tanto, pero sin duda caerá.

El problema de las verdades a medias es que llevan algo de cierto y es precisamente su parte de verdad lo que las mantendrá vigentes por mucho tiempo, la cuestión es que arrollarán una cantidad enorme de personas durante su vida útil. Yo mismo he sido víctima de las verdades a medias, así que me ha tomado tiempo, dolores de cabeza y un montón de otras cosas irlas detectando, para luego deshacerlas y formar mis verdades.

6

*La verdad no es para todos los hombres, sólo
para aquellos que la buscan.*
AYN RAND

Es imposible que cualquier persona encuentre y viva su vida a
partir de las verdades que circulan. Las verdades son para los
virtuosos, para quienes las buscan en todos lados, quienes saben que existen —aunque no las conozcan— y no descansan
hasta encontrarlas. Ellos son quienes merecen las verdades.
Aquellos mediocres, cerrados, o quienes crean que no han de
buscarlas porque ya las tienen o, peor, LA tienen ("la única
verdad irrefutable" que ya vimos que no existe), jamás habrán
de hallarlas y jamás obtendrán sus beneficios.

7

*¿Qué es la verdad? Pregunta difícil, pero la he
resuelto en lo que a mí concierne diciendo
que es lo que te dice tu voz interior.*
MAHATMA GANDHI

Líneas atrás te hablé de tus propias verdades. A esto me refiero. La detección de las mentiras y, por ende, de las verdades
dependerá siempre de tu voz interior, de lo que te dicte la
intuición, porque nadie mejor que tú te conoce, nadie mejor
que tú conoce tus límites, fuerzas, debilidades y aquello que
te beneficiará.

La única manera de que formes tus verdades es que aprendas a escucharte.

8

No busques la grandeza.
Busca la verdad y encontrarás ambas.
HORACE MANN

Una cosa trae la otra. O bien, no hay una sin otra. El problema para muchas personas es que buscan la grandeza como fin último y, por lo tanto, se vuelve una búsqueda maquiavélica de una idea falsa de grandeza. O una idea personal, pero errónea. ¿Qué es la grandeza de todas formas? ¿Un título? ¿Una etiqueta? ¿El reconocimiento? ¿De quién?

El fin último tendrían que ser las verdades (las de cada uno) para vivir una vida completa. Si realmente es tu fin, la grandeza llegará sola, sin buscarla, porque además no te importa. La grandeza será, pues, un beneficio secundario hallado gracias a la búsqueda de la verdad.

9

Mi forma de bromear es decir la verdad.
Es la broma más divertida.
WOODY ALLEN

A veces las verdades son graciosas porque revelan rasgos de nosotros que quizá no queramos aceptar, ver ni experimentar. Lo gracioso de muchas verdades es, precisamente, que nos desenmascaran. Por lo tanto, hay que tomárselas con gracia, porque si no lo hacemos podrían sumirnos en una gran depresión.

Eso en cuanto a nosotros, pero las mismas verdades son la cara opuesta de las mentiras que hemos creído toda la vida, esas que rigen nuestra vida y nos han condicionado. ¿Qué tienen de gracioso las verdades de esas mentiras? Muchas cosas. Por ejemplo, exhiben a los mentirosos, los hacen quedar mal y, por lo general, los destruyen para impedir que sigan cobrándose víctimas.

Así que, cuando escribí este libro con la idea de desenmascarar a la vieja escuela de negocios y a los libros que las sustentan, lo hice con una sonrisa, casi carcajada, en el rostro, porque me encanta echar luz sobre los mentirosos que abundan en la tierra.

10

*Las verdades son fáciles de entender
una vez descubiertas, el detalle está
en descubrirlas.*
GALILEO GALILEI

Esta última conecta con algunas de las anteriores. Lo difícil no es asimilar cada verdad, creérsela, implementarla en la vida diaria. Cuando se llega a una verdad, ésta invade la vida de la persona y la mejora. Entenderla no es motivo de celebración, sino más bien debemos aplaudir la búsqueda incansable de las verdades, la curiosidad y el deseo de hallarlas.

Por eso, con mi comunicación digital, con cursos, talleres, conferencias y asesorías uno a uno busco, además de revelar verdades, despertar la curiosidad y el deseo de búsqueda de los emprendedores con los que me voy encontrando, quienes están abiertos a la potencialización de su negocio y de su vida.

Mi propósito es potenciar a un millón de emprendedores, pero no dándoles una respuesta o una sola verdad (recuerda que no existe LA verdad), sino mostrándoles caminos, a través de mi experiencia, para que ellos mismos encuentren sus fuerzas y las verdades que los hagan explotar.

11

Nunca se alcanza la verdad total.
ARISTÓTELES

Hoy inicia tu recorrido. Para mí está claro que es un recorrido eterno, constante, infinito.

Espero que nos volvamos a encontrar mientras cada uno busca sus verdades, ¡en marcha!

Y si en algún momento del camino crees que estás perdiendo el norte, búscame, recuerda mi propósito, tal vez seas un emprendedor de ese millón que quiero potenciar.

Fin

El plan secreto de i11 (entre tú y yo)

Ésta es la base del plan que originalmente fue publicado como explicación de la visión que tengo en mi emprendimiento más reciente (que no será el último): i11.

Sin embargo, luego del recorrido que hemos caminado juntos en este libro, lo he actualizado un poco.

El producto inicial de i11 Digital ha sido la venta de cursos y conferencias que usan mi imagen como gancho y valor, además de mi experiencia e ideas disruptivas como atributos diferenciadores. Lo que pocos entienden es que esta actividad es ajena a la meta a largo plazo de la organización. La meta de i11 es clara: **potenciar a un millón de emprendedores**.

Esta cifra es congruente con una de mis metas personales: la de recibir un millón de dólares en billetes de un dólar el día de mi muerte. Si sigues mis redes y mensajes digitales, sabes que es una idea con la que he insistido hasta el hartazgo.

Quizá pienses que suena exagerado, o incluso a cliché, pero en i11 no nos tomamos ni la cifra ni el impacto a la ligera. Para nosotros la idea de "potenciar" significa llevar a una empresa (a un millón, más bien) a un punto tal que luego reconozca públicamente su deuda con nosotros.

¿Por qué lo hacemos?

Porque creemos en el emprendimiento como una nueva forma de vida, como un vehículo para la **libertad** y el **crecimiento** de una nueva generación productiva.

Creemos también en un nuevo tipo de organización, a la que hemos bautizado como **Organización Neuronal de Crecimiento Exponencial** (once), que parte del principio de reunir a otros emprendedores como socios, y con ellos lograr un crecimiento orgánico. Basamos la tesis en el camino de crecimiento original de Grupo 4S, ahora llamado 4S Real Estate, que queremos extender a nuevas compañías. De ahí surge el número 11 que aparece en nuestro nombre y que he incorporado a mi nombre en varias ocasiones. Como vimos en este libro, todo cambia, se adapta, se renueva: ¡mi nombre también!

Para cumplir con los objetivos anteriores, i11 Digital creó a las organizaciones subsidiarias responsables de generar un efecto multiplicador simbiótico:

1. **Una empresa de transformación digital y generadora de contenidos digitales**. La democratización del espacio digital ha abierto la oportunidad para la creación de contenido y productos digitales. Gracias a lo anterior, y a una visión única de microcontenido (ya te expliqué cómo está cambiando la atención que las personas les dedican a las distintas redes sociales y por qué mis contenidos en ellas son del modo en que los ves publicados), pretendemos amplificar el impacto en nuestra comunidad de seguidores y generar un puente de oportunidades para nuestra iniciativa educativa.

2. **Una nueva institución de educación superior**. El sistema de educación superior tradicional está caduco, no

funciona para el emprendedor del futuro, así que ahora lo vemos como uno de los más grandes fraudes del presente. De todos modos, es fácil criticar el modelo, pero proponer una alternativa no tanto. Por eso tuvimos la intención de crear una institución educativa diferente. Una alternativa híbrida (brinda contenido sobre múltiples conceptos, que se actualizan permanentemente en función de la necesidad de cada emprendedor) y nómada (tú no vas a la escuela, ella llegará al lugar donde estés) que parta de la idea del aprendizaje infinito, el cual, como ya te conté, es la piedra angular en mi definición de felicidad.

3. **Un fondo de inversión.** Para este caso es fundamental el tiempo de la comunidad y el sentido de confianza. Dadas las ventajas competitivas en el ramo inmobiliario, pretendemos que éste sea el primero de los usos de los fondos de la comunidad. En la entrega de dividendos extraordinarios pretendemos que parte del resultado pueda reinvertirse para generar una base de becas para los programas de educación superior de los que hablamos en el punto 2.

Luego de mi muerte, mis acciones —y la de aquellos que se hayan sumado— se entregarán a una asociación civil que utilizará los dividendos para potenciar a la misma ciudad marcada en el punto 2, con la entrega de becas y apoyos para amplificar el impacto de la organización en el futuro.

En pocas palabras, el propósito general es:

- Vender mi tiempo.
- Usar el dinero para financiar una empresa de contenidos digitales.
- Usar el dinero para crear una institución de educación superior híbrida y nómada.
- Usar mi dinero y trayectoria para crear una plataforma de inversión financiera.
- Usar el dinero para crecer el impacto de la institución educativa.

Pero, por favor, ¡no le digas a nadie! Es un secreto en tú y yo.

Aclaración importante

Si alguno de mis videos, conferencias, mentorías o libros te ayudó en tu recorrido como emprendedor, entonces tienes una deuda conmigo. Es una deuda de un dólar y la tienes que pagar en efectivo en mi tumba, el día de mi muerte (no te aflijas, no tengo planeado que ocurra en breve, aún tengo muchas mentiras por desenmascarar, muchas verdades por encontrar, emprendedores por ayudar y empresas por crear). Esto es bastante importante para mí, porque quiero que mi última lección sea para con mis hijos, y es que los verdaderos millonarios no son quienes cuentan con un millón en el banco, sino aquellos que impactaron a un millón de personas. Espero que el día de mi muerte colapse la ciudad donde me entierren por la peregrinación del millón de emprendedores a quienes estoy seguro de que yo, junto con mis socios en i11, llegaremos a potenciar.